하이타니 겐지로의
유치원 일기

옮긴이 | 햇살과나무꾼

동화를 사랑하는 사람들이 모여 만든 곳으로, 세계 곳곳에 묻혀 있는 좋은 작품들을 찾아 우리말로 소개하고 어린이의 정신에 지식의 씨앗을 뿌리는 책을 집필하는 어린이책 전문 기획실이다. 《나는 선생님이 좋아요》《내가 만난 아이들》《선생님, 내 부하 해》 등 하이타니 겐지로의 주옥같은 작품들을 옮겼으며, 그 밖에 《어린이책을 읽는다》《안데르센 동화집》 등을 우리말로 옮겼다. 지은 책으로는 《위대한 발명품이 나를 울려요》《세상을 바꾼 말 한 마디》 등이 있다.

하이타니 겐지로의 유치원 일기

1판 1쇄 | 2010년 12월 30일   1판 6쇄 | 2020년 9월 1일

지은이 | 하이타니 겐지로   옮긴이 | 햇살과나무꾼
펴낸이 | 조재은   편집부 | 김명옥 육수정   영업관리부 | 조희정 정영주

펴낸곳 | (주)양철북출판사   등록 | 2001년 11월 21일 제25100-2002-380호
주소 | 서울시 마포구 양화로8길 17-9   전화 | 02-335-6407   팩스 | 0505-335-6408
전자우편 | tindrum@tindrum.co.kr   ISBN | 978-89-6372-034-0 03370   값 | 12,000원

편집 | 조현나   디자인 | 여수정

灰谷健次郎の保育園日記
灰谷健次郎
Copyright © 2006 by Sanae Yamamoto
First published in Japan in 1985 under the title "HAITANI KENJIRO NO HOIKUEN NIKKI"
By Shogakukan
Korean Translation Copyright © 2010 by Tin Drum Publishing Ltd., through Tony International.
All rights reserved.
이 책의 한국어판 저작권은 토니 에이전시를 통해 하이타니 겐지로 사무소와 독점 계약한 (주)양철북출판사에 있습니다. 저작권법에 따라 한국 내에서 보호를 받는 저작물이므로 무단 전재와 복제를 금합니다.

하이타니 겐지로의
유치원 일기

하이타니 겐지로 지음 | 햇살과나무꾼 옮김

양철북

한국어판을 내면서

이 책을 한국의 여러분께 소개하게 된 것을 영광으로 생각합니다.

우리가 고베에 만든 유치원에서 일어난 갖가지 일들을 엮은 이 기록은 수많은 사람들에게 널리 읽혀, 지금은 어린이와 함께하는 사람들의 필독서가 되었습니다.

아이들은 한결같이 커다란 가능성을 간직하고 있으며 스스로 성장하는 힘을 지니고 있습니다. 그 가능성을 이끌어내고 성장을 도와주는 것이 어린이와 함께하는 사람들의 일이라고 믿습니다. 오늘날 요구되는 교육의 과제는 가치관을 강요하지 않고 아이들을 믿고 아이들에게 배우며 함께 성장해가는 것이 아닐까요.

그런 공감이 있었기에 이 책이 읽힐 수 있었다고 생각합니다.

많은 사람들이 이 책을 읽기를 바라며, 나아가 그것이 어린이들의 행복으로 이어지기를 간절히 바랍니다.

하이타니 겐지로

차례

멋진 만남   9

손수 만든 유치원, 첫 울음을 터뜨리다   17

잘 배우고 잘 놀고   24

격랑 속에서 항해를 시작하다   32

아이들을 돌아보고, 자신을 돌아본다   40

선생님은 T가 참 좋아   47

생명을 먹고 자란다   55

동물들이 찾아왔다   63

고뇌 저편의 세계는 아무도 볼 수 없다 1   71

고뇌 저편의 세계는 아무도 볼 수 없다 2   80

고뇌 저편의 세계는 아무도 볼 수 없다 3   89

나, 유치원이 좋아   96

피아노는 방해가 될지도 모른다   108

준비 땅! 어디까지 달려갈까?   114

기요코가 울잖아. 자, 눈물 뚝   123

다가가지 못하고 툭툭 떨어지는 말   131

얼굴 이야기와 새 동료   139

벼락아, 저리가   147

저마다의 여름, 저마다의 인생   155

기요코의 눈물과 웃음 1   164

기요코의 눈물과 웃음 2   172

기요코의 눈물과 웃음 3   180

코끼리 코딱지는 어디에 있어?   189

길고도 짧았던 2년 - 후기를 대신하여   197

멋진 만남

　　　　우리가 유치원을 운영하게 된 계기는 아이들을 중심으로 뭔가 재미있는 일을 하고 싶다는 것이었다.

　'우리'란 나를 비롯하여 경력 29년의 베테랑 유치원 선생님인 도조 요시코,《1학년 1반 선생님 있잖아요》의 저자이자 초등학교 교사인 가시마 가즈오, 역시 초등학교 교사이며《태양의 방귀》를 쓴 기시모토 신이치, 화가 츠보야 레이코를 말한다.

　단, 가시마 가즈오는 평생 초등학교 교사로 지낼 생각이라 직접 참가할 수 없었으므로 이른바 '준準동인'인 셈이다.

　우리의 공통점은 하나같이 현재 학교 교육의 틀을 벗어난 교사라는 점이다.

물론 이런 사실을 자랑하려는 것은 아니다.

나 자신도, 츠보야 레이코도 교육 현장에 있을 때는 아이들을 진지하게 대했고 나머지 세 사람은 지금도 교육 현장에서 저마다 최선을 다하고 있다.

도조는 사와노 이사무라고 하는 훌륭한 스승을 만난 덕분에 선진적인 유아 미술 교육가로 진작부터 이름이 높았다. 또 츠보야는 대학 때부터 꾸준히 그림을 그려 이십대 후반에 화가로서 이름을 알린 사람으로, 당연한 일이지만 미술 교육에도 의욕을 보였다.

기시모토는 대학시절 아르바이트로 시작한 클럽 순회 밴드에서 연주 실력을 갈고 닦았을 뿐 아니라 클래식 음악에도 조예가 깊었고 음악적 감각도 뛰어났다.

가시마와 나는 글짓기 교사로서 동시 교육에 힘썼다. 덕분에 가시마는 뛰어난 동시 교육 실천가에게 주어지는 기타하라 하쿠슈 상을 받았고, 나는 아동문학가의 길을 걷게 되었다.

당연한 말이지만 능력주의와 주입식 교육이 판을 치는 일본의 교육 현실에서 우리는 성가신 존재였다.

물론 아무리 성가신 존재로 여겨져도, 우리는 언제나 아이들과 함께 우리가 옳다고 믿는 길을 걸어왔다.

그러나 우리는 늘 지쳐 있었다.

아이들과 함께 뭔가를 할 때는 즐거웠지만, 그 즐거운 일을 하기까지 무의미한 고생을 수없이 해야 했다.

교장이나 교감과 부딪치는 것도 힘들었고 동료 교사들에게 마음을 써야 하는 것도 힘들었다.

단지 이런 현실 때문만은 아니겠지만 우리는 늘 유토피아를 꿈꾸었다. 교육의 유토피아는 과연 어떤 곳일까 늘 생각했다.

유치원 설립이 정식으로 결정되고 우리 손으로 유치원을 만들 수 있게 되었을 때, 머릿속에 맨 먼저 떠오른 생각이 '유토피아의 실현'이었다 해도 우리를 낙천주의자라고 비난하는 사람은 아무도 없으리라.

우리는 그 유토피아에 '태양의아이 유치원'이라는 이름을 붙였다.

유치원 하나가 탄생하기까지는 몹시 까다로운 절차와 자질구레한 일들이 필요하다. 여기에는 좋은 의미든 나쁜 의미든 오늘날 일본의 정치, 행정, 시민의식 등이 반영되어 있다. 이것은 흥미로운 문제이므로 다음 장에서 자세히 이야기하겠다. 어쨌든 우리의 첫째 고민은 과연 우리와 뜻을 같이하는 동료를 만날 수 있겠느냐는 것이었다.

태양의아이 유치원의 인적 규모는 0세에서 6세까지의 원아 120명과 선생님 15~17명이다.

우리는 선생님 15명을 세 유형으로 구성하기로 했다.

먼저, 도조를 비롯해서 처음부터 뜻을 같이하며 참가 의사를 나타낸 사람들(이 중에는 도쿄의 유치원에 근무하며 시민 오케스트라 단원으로 활동하고 있는 나의 제자 부부도 있다)이다. 두 번째는 전국에서 공개모집한 사람들이고, 세 번째는 이곳 고베의 유아교육 관련 학교와 전문대학 졸업생들이다.

이렇게 구성한 이유는 지역, 나이, 인생 경험 등 모든 의미에서 다양한 사람들이 폭넓게 만날 수 있기를 바랐기 때문이다.

우리는 전문지 《유아와 보육》에 이런 광고를 냈다.

우리는 다음과 같은 이념을 가진 새로운 유치원을 만들고자 합니다.

1. 일방적인 헌신으로서가 아니라, 어린 생명의 성장과 함께하려는 모든 사람들이 지혜를 모으고 성실하게 실천하여 서로 배우는 세계를 만듦으로서 교육이념을 달성한다.

2. 예민한 감수성을 지닌 예술가로서의 어린이, 깊은 인간애를 체득한 생활인으로서의 어린이, 무엇과도 바꿀 수 없는 이 소중한 생명들이 표현하는 기쁨과 슬픔을 공유함으로서 더불어 살아가는 아름다운 인간 집단을 창조한다.

곧 어린이를 중심으로 한 인간적인 공동체를 만들려는 것입니다. 넓은 의미로 본다면, 대등하고 자유로우며 낙천적이고 진취적인 놀이터라고 할까요? 이곳에서 삶의 의미를 생각하고 배우며 함께 이야기를 나누고 싶습니다.

이 정도의 글로 우리의 뜻이 제대로 전달될지 걱정스러웠고 지원하는 쪽도 불안했을 텐데 최종적으로 지원자가 2백 명을 넘었다.

우리의 의지와, 거기에 뜻을 모아준 사람들의 의지를 이어주는 유일한 고리는 지원자들이 원고지 다섯 매 분량으로 제출한 〈나의 가족과 나의 인생〉이라는 제목의 글이었다.

우리는 그 글들을 몇 번이나 정성껏 읽었다.

그리고 그 글 속에 담긴 젊은이의 고뇌와 아련한 희망과 삶을 향한 열정에 감동했다.

그 글들을 여기에 공개해 많은 사람이 함께 가슴 뭉클한 감동을 느낄 수 있다면 얼마나 좋을까마는 그럴 수 없는 것이 안타까울 따름이다.

그러나 감동이 깊을수록 사람을 고르는 일은 고통스럽기 짝이 없다. 우리는 몇 사람을 추려내서 면접을 치르는 방법은 쓰지 않기로 했다.

다섯 편의 글은 다섯 명의 인간이다. 그들의 글을 읽은 것을 그들과의 '만남'이라고 여기고, 다섯 사람을 뽑았다.

구마모토, 니시조, 도요나카, 미야쓰, 구사쓰 이 다섯 사람은 전국 각지에서 아와지 섬까지 나를 찾아와주었다. 우리는 함께 술을 마시고 바닷가에서 놀면서 서로가 동료임을 확인했다.

그러나 대학을 갓 졸업한 젊은이들에게는 이런 방법을 쓸 수가 없었다.

각각의 글에서 두드러진 개성을 읽어낼 수는 있었지만 한두 명을 제외하면 다들 인생경험이 너무 부족했기 때문이다. 우리는 하는 수 없이 처음이자 마지막이라는 생각으로 면접시험을 치렀다.

사람이 사람을 고른다는 것이 얼마나 못할 짓인지 뼈저리게 느꼈다. 우리의 교육이념에는 '대등하고 자유로우며'라는 말이 있다. 대등하고 자유롭다고? 선택당하는 쪽에 서보시지, 과연 자유로운지? 하는 외침이 들리는 듯했다.

나는 중학교를 졸업하고 수없이 취직시험을 쳤지만 번번이 떨어졌을 때의 굴욕감을 떠올렸다.

나는 젊은이들의 얼굴을 똑바로 볼 수가 없었다.

술을 마셔도 토하지 않던 내가 그날 밤에는 이십여 년 만에 토하고 말았다. 이튿날, 기시모토에게 전화를 걸었더니 그 역시 밤새도록 토해서 결근했다고 신음하듯 말했다. 우리는 힘없이 웃었다.

태양의아이 유치원에서 일하는 선생님들에게 이 말을 꼭 해주고 싶다.

많은 사람들의 고뇌와 고통이 없었다면 지금 여러분은 그 자리에 있을 수 없다고.

아무리 고뇌에 찬 인생일지라도 이 세상에 태어난 사람이라면 누구나 축복 받아 마땅하다는 말도 아울러 들려주고 싶다.

선생님들은 저마다 개성이 있고 우리 유치원을 찾게 된 데에도 필연적인 이유가 있는데, 이 유치원 일기를 통해 허락된 범위 안에서나마 하나하나 전하고 싶다.

어쨌거나 만남이라는 것이 얼마나 멋지고 신비한 일인지 새삼 느끼게 된다.

지금 이야기할 선생님의 이름을 가령 S씨라고 하자.

S씨는 올해 유아교육 전문학교를 졸업하고 태양의아이 유치원에서 일하게 되었는데, 다른 졸업생들보다 두 살이 많았다. S씨는 유아교육 전문학교에 입학하기 전 2년 동안 유명 화장품 가게의 판매원으로 일했다.

특이한 경력이라고 할 수 있겠는데, 고개가 갸웃거려지는 의문 속에 S씨의 아름답고도 감동적인 인생이 숨겨져 있었다.

S씨에 따르면, S씨는 고등학교 때 매니큐어를 바르고 귀를 뚫고 긴 치마를 질질 끌며 다녔다고 한다. 엇나가는 데에는 그만한 이유가 있었지만, 화장품 가게의 판매원이 된 것도 될 대로 되라는 심정으로 그저 선생님의 권유에 따른 것이었단다.

아무리 마음을 다잡아도 채워지지 않는 공허감이 S씨를 지배했다. 이런 모습은 진짜 자기 모습이 아니라는 생각이 들자 힘들 때 다독거려주던 한 유치원 선생님이 떠올랐다.

그 무렵 S씨는《나는 선생님이 좋아요》라는 내 책을 읽고 충격을 받았다고 한다.

그리고 S씨에게 새 삶이 시작되었다. 뜻을 이루기 위해 강인한 정신력으로 3년 동안 한결같이 노력한 S씨가 나는 그저 존경스러울 따름이다.

S씨는 내가 때맞춰 유치원을 연 것이 하늘의 뜻이라고 생각했으리라.

모든 것은 만남이다. 이 만남을 소중히 여기고 싶다.

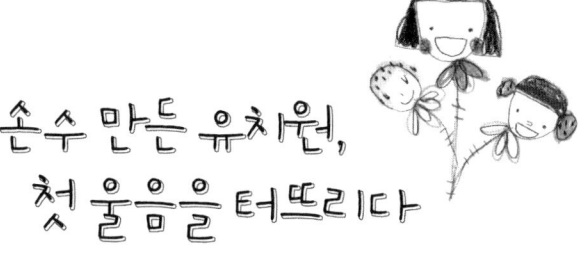

손수 만든 유치원, 첫 울음을 터뜨리다

우리는 고베 시의 자격심사에 합격하고 1983년도 유치원 설립 예정지로 지정된 세 곳 가운데 고베 시 북구의 기타스즈란다이를 희망한다는 신청서를 냈다.

나는 어릴 때 이 지방에서 1년쯤 지낸 적이 있다. 전쟁 후 집단 소개지에서 돌아와 스즈란다이의 오부라는 곳에 있는 친척집에 얹혀살았던 것이다.

당시 나는 전학 서류가 준비되지 않아 학교에 다닐 수 없었기 때문에 날마다 어두컴컴한 방공호에 틀어박혀 공상에 빠져 지냈다.

이때부터 공상벽이 생겼으니 이곳은 한 작가를 배출한 땅이라고도 할 수 있지 않을까.

유치원 건설 예정지는 바닷가의 언덕을 개간한 곳이었다.

남쪽으로는 멀리 스마와 마이코 사이로 바다가 보이고 록코산 봉우리들이 주위를 빙 둘러싸고 있어 경치가 빼어났지만, 여기에도 속속 택지가 조성되어 산의 한쪽 경사면에는 공단 주택이나 임대 주택이 빽빽이 들어서 있었다.

사실 우리에게는 과분할 만큼 풍경이 아름다운 곳이었다. 그렇더라도 유치원을 세우기 위해서는 반드시 이곳이 필요했다.

경쟁률은 17대 1이었다. 도조와 기시모토가 추첨을 하러 갔다.

나와 츠보야는 당첨 운이 지지리도 없는 사람들이라, 우리 같은 사람이 추첨해보았자 결과가 뻔하기 때문에 두 사람에게 떠넘긴 것이다.

도조는 도박에 재주(?)가 뛰어나서 룰렛 게임에서 비상한 솜씨를 발휘했다. 또 기시모토는 화투의 달인이었다.

우리의 계획은 보기 좋게 성공했다.

나중에 도조가 말하기를, 결과를 발표하는 순간 눈앞이 깜깜해지더라고 했다. 책임감 때문이었을 텐데, 정말 실감나는 표현이었다.

당장에 할 일이 생겼다.

건물을 짓는 일과 사회복지법인을 신청하는 일이었다.

나는 지금 이 글을 쓰기 위해 그때 준비했던 서류를 꺼냈다. 건물 건

축과 관련된 서류는 두께가 약 12센티미터, 법인 신청과 관련된 서류는 약 10센티미터였다. 그 밖에 소방 관련 서류, 자금 관련 서류까지 포함해서 모두 쌓아올렸더니 높이가 무려 50센티미터나 되었다.

그전까지는 번거로운 관청 업무를 막연히 비판하기만 했는데 막상 몸소 겪어보니 가히 살인적이었다.

실무를 맡은 도조는 제대로 자지도 쉬지도 못한 채 퀭한 눈으로 여기저기 뛰어다녔다. 아니, 지금도 여전히 분주하게 돌아다니고 있다.

행정에 대해서는 짚고 넘어갈 것이 한두 가지가 아니다.

대체로 유치원 건물 건축 자금은 70%를 국가와 지방 공공단체의 보조금과 차입금으로 충당하고 나머지는 기부금으로 채우게 되어 있다.

우리의 경우 기부금은 나의 인세, 그러니까 베스트셀러가 된 《나는 선생님이 좋아요》와 《태양의 아이》로 얻는 인세이다.

나는 "태양의아이 유치원은 내 독자들이 지어주었다."고 서슴없이 말하는데(사실 지난 몇 년 동안 낸 세금을 몽땅 기부금으로 돌리면 건물을 짓고도 남았을 것이다), 이것은 미담도 뭣도 아니며 명백히 행정력의 빈곤을 민간에게 떠넘기는 나쁜 전형이다. 이 점만은 확실히 해두고 싶다.

더욱 화가 치미는 일을 한두 가지 더 들겠다. 차입금을 받을 때 나는 다음과 같은 신청서를 제출해야 했다.

> 나는 이번에 귀 법인이 사회복지사업 진흥회로부터 차입한 돈 2천만 엔에 대한 상환금의 일부로 매년 1백만 엔씩 20년간 기부하겠습니다.
>
> — 하이타니 겐지로

태평스럽다고 해야 할까, 허술하다고 해야 할까. 내가 죽으면 그 뒤엔 대체 어쩔 셈이란 말인가?

그러나 일단 행정상으로는 내게 2천만 엔의 담보를 넣게 했다.

내가 살고 있는 집이 바로 그 담보인데, 탐욕스러운 고리대금업자의 수법과 별반 다르지 않다.

어찌 보면 빈틈없다고도 할 수도 있으리라.

돈 이야기만 하는 것 같아 부끄럽지만 아무튼 내가 기부한 돈은 전혀 세금 공제 대상에 포함되지 않는다.

유치원 건물을 짓기 시작하면 당연히 돈이 필요하다. 물론 준비 단계에서도 마찬가지다. 그런데 사회복지법인 허가는 유치원이 문을 여는 시기와 거의 비슷한 3, 4월쯤에나 난다. 물론 건물은 그전에 완성해야 한다.

돈 들어갈 곳이 한두 군데가 아닌데도 허가가 나기 전까지 우리 법인은 실재하지 않는 법인이므로 아무리 돈을 끌어다 써도 국가는 본체만체한다.

덕분에 나는 빈털터리를 넘어서 완전히 빚더미에 올라앉고 말았다. 멋을 좀 부리자면 '공수레 공수거'가 내 꿈이므로 그리 원망스러울 것은 없지만 사실만은 밝혀둔다.

이렇게 화나는 일도 많았지만 좋은 일도 있었다.

우선 건축 기준만 지키면 어떤 건물이든 자유롭게 지을 수 있다는 것은 고마운 일이었다.

나는 어린이집이나 유치원 건물은 대개 아이들을 얕잡아 본 건물이라고 생각한다.

건물을 온통 분홍색으로 칠하고 벽에는 스누피 그림을 그린다. 그리고 플라스틱제 놀이기구를 설치한다.

나는 이런 사람들의 정신이 의심스럽다. 창조성이라고는 눈곱만큼도 찾아볼 수 없다.

유치원은 아이들이 생활하는 곳이다. 어른들이 멋대로 생각한 디자인을 들이밀 것이 아니라 되도록 자연에 가까운 재료를 아이들에게 주어야 한다. 그 재료를 다루거나 표현하는 것은 아이들이어야 한다. 또 그랬을 때 아이들의 창조성이 자랄 수 있다.

이런 생각을 바탕으로 우리는 유치원 건물을 짓기 시작했다.

다행히 태양의아이 유치원의 설계자(도시계획 설계 연구소 오사카 사무소장 오타 다카야스)는 아와지 섬에 있는 내 집을 지어준 친구였고, 공사 현장의 책임자(신토건설 가네하라 데루오)는 요트 모임의 동료로, 여담이지만 수중 네비게이션물 속에서 나침반을 보며 방향을 잡는 일 일본 선수권자였다.

태양의아이 유치원은 말 그대로 '손수 만들 수 있는 조건'을 갖추고 있었다.

우리는 마치 작품을 창작하듯 고뇌하고 희열을 느끼며 건물을 지었다. 타일 색깔 하나를 정하기 위해 한밤중까지 의논한 적도 있었고, 벽 색깔 때문에 심하게 다퉈서 절교할 뻔한 적도 있었다.

물론 이 공사에 참가해준 수많은 사람들의 힘이 아니었다면 건물을 완성할 수 없었겠지만, 눈보라 치는 날 사람들과 함께 콘크리트 벽에 달라붙어 도포제를 벗기던 일은 이제 즐거운 추억이 되었다.

한마디로 말해서 태양의아이 유치원 건물은 돌과 흙과 나무로 이루어진 따뜻하고 소박한 건물이었다.

유치원의 건물 벽은 거친 콘크리트 그대로였다. 현관에서 쑥 튀어나온 덩굴시렁(몇 년 후면 여기에 포도가 열릴 것이다)의 포도나무는 그대로 난간이 되고 울타리가 되었다.

놀이기구는 복합 놀이기구로, 모두 직접 만들었다. 이것도 아주 훌륭한 교육기자재이다.

선생님과 아이들이 이것저것 마음대로 붙였다 뗐다 할 수도 있고 여러 모로 자유롭게 사용할 수 있다. 놀이기구 전체를 오브제로 보고 이것을 이용해 조형 활동도 할 수 있다.

수영장(아쉽게도 이것만은 유리섬유제이다)은 어른도 수영할 수 있을 만큼 제법 넓다.

꽃이며 채소를 기르는 농장은 유치원에서 2킬로미터쯤 떨어진 산골 마을에 있는데, 한 독지가가 다섯 이랑 정도를 빌려주었다.

남은 것은 아이들이 들어오기를 기다리는 일뿐이었다.

3월 27일, 태양의아이 유치원의 준공식과 축하연이 있었다.

리론샤의 고미야마 료헤이 씨를 비롯한 여러 출판사의 편집부 사람들과 우에노 료 씨, 이마에 요시토모 씨, 간자와 요시코 씨, 다바타 세이이치 씨, 야마시타 하루오 씨, 다시마 유키히코 씨, 하시모토 겐이치 씨 등 평소 가깝게 지내는 작가와 화가 200명이 태양의아이 유치원 탄생을 축복해주었다.

너무 긴장해서 몸이 굳어버리는 것 같았다.

잘 배우고 잘 놀고

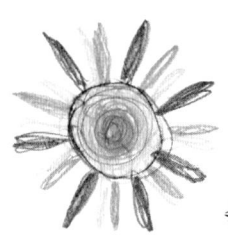

준공식은 무사히 끝났지만 아직 큰일이 남아 있었다.

우리는 준공식 이튿날만 쉬고 그다음 날인 29일부터 사흘 동안 합숙 연수에 들어갔다.

연수 일정은 다음과 같다.

첫날 오전에는 '어린이와 책'(강사: 하이타니 겐지로), '어린이와 차별(장애아 문제 등)'(강사: 하이타니 겐지로)이라는 주제로 강의를 들었다. 오후부터《시스템 요리학》(마루모토 요시오 지음)과《아이들이 위험하다》(군시 아쓰타카 지음)를 교재로 '아이와 음식'에 대해 토론하고 저녁에는 운영토의와 자유로운 대화 시간을 가졌다.

여기서 잠시 설명을 덧붙이자면, 우리는 평등한 참가를 교육이념으로 삼고 있다. 따라서 나도, 원장도, 갓 대학을 졸업한 선생님도 유치원의 운영 결정권을 평등하게 가지고 있다. 저녁에는 이런 입장에서 운영토의를 진행했다.

유치원에서 이루어지는 가장 중요한 일 가운데 하나가 급식이다. 급식은 결코 남에게 맡길 수 없는 일이다.

자연의 것을 자연 그대로 먹을 수 없는 현대 사회에서 음식 만드는 일에는 많은 지혜가 필요하다.

필수영양소를 골고루 섭취하는 지혜, 영양소를 파괴하지 않고 조리하는 지혜, 식품첨가물로부터 건강을 지키는 지혜, 몸에 해로운 가공식품을 골라내는 지혜 등 일일이 꼽자면 끝이 없다.

우리는 아이들에게 음식 하나하나가 생명체라는 점을 가르치기 위해서라도 급식은 중요한 교육 실천 과제라고 생각한다.

"오늘 배운 것을 실천하는 의미에서 오늘 저녁은 여러분이 직접 만들도록!"

내가 독재자처럼 말하자

"와아!"

"너무해요!"

하는 소리가 터져 나왔지만, 이틀 동안 선생님들이 손수 만든 조개국과 팔보채, 간장소스를 곁들인 두부와 뱅어포 요리, 미역 비빔밥 같은 음식은 꽤 맛있었다.

하면 할 수 있는 법이다.

연수는 이틀째로 접어들었다.

첫째 시간은 '어린이와 생명'을 주제로 강의를 들었다. 교재는 《130의 작은 외침》(게이치의 죽음을 헛되이 하지 않기 위해 유아교육을 생각하는 모임 간행)이었는데, 도조가 강사 겸 사회를 맡았다. 어린이의 생명과 직접 관계되는 이야기였으므로 모두들 진지했다.

둘째 시간은 '어린이와 그 주변'을 주제로 강의. 교재는 오치아이 세이코의 《고짱의 유치원》이었다.

선생님들은 우리나라 유치원의 위상, 교사와 부모의 관계 등의 문제와 씨름했다.

오후에는 츠보야의 사회로 전前 '구상미술' 회원인 우키타 요조 씨와 이사장인 사와노 이사무 씨로부터 '어린이의 표현 1(어린이의 조형)'이라는 강의를 들었다.

우키타 요조 씨는 얼핏 보기에 아무렇게나 그려놓은 듯한 중증 정신지체 장애아의 그림 몇 점을 들어 보였다.

"현재 내가 최고라고 생각하는 그림입니다."

이 한마디에 다들 완전히 혼란에 빠져버렸다.

나는 우키타 요조 씨와 오랜 친분도 있고 그의 사상도 잘 이해하고 있어서 별로 놀라지 않았지만, 다른 선생님들은 조금 이해하기 힘들 겠다는 생각이 들었다.

선생님들의 질문이 이어지고 우키타 요조 씨가 거기에 대답했다.

'현재 당신이 가지고 있는 미의식을 모조리 버리지 않으면 아이들의 표현을 이해할 수 없다.'는 우키타 요조 씨 사상의 근본을 선생님들도 어렴풋이나마 이해한 듯했다. 그 생각을 자기 것으로 만드느냐 못 만드느냐는 실천하기 나름이지만, 어쨌거나 그런 생각을 할 수 있는 계기가 되었다는 것에 큰 의의가 있다.

중요한 것을 배운 셈이다.

한편 사와노 이사무 씨는 아이들의 작품을 잔뜩 가지고 와서 자기가 가르치고자 하는 것을 구체적으로 설명해주었다.

사와노 이사무 씨는 격렬하게 연소하는 어린이라는 생명체와 어떻게 마주할 것인가를 만담가 뺨치는 말솜씨와 손짓발짓으로 선생님들에게 전달했다.

나중에 한 선생님은 엄청난 문화적 충격을 받았다고 내게 털어놓았다.

그날 저녁의 운영토의는 어떤 식으로 반을 나누고 담임을 배정할 것인가로 이야기가 좁혀졌다.

나이가 같은 아이들을 한 반으로 묶을 것인지, 아니면 나이가 서로 다른 아이들을 한 반으로 묶을 것인지 하는 문제에서는 선생님들 저마다의 어린이관까지 엿볼 수 있어서 전문가가 아닌 내게도 매우 흥미로웠다.

선생님이 17명이나 되면(그중 남선생님이 세 명) 개중에는 말주변이 없는 사람도 하나쯤 있을 법한데, 적극적이냐 소극적이냐를 떠나 하나같이 명확하게 자기 의견을 발표하는 모습에 나는 놀랍기도 하고 마음이 놓이기도 했다.

격렬한 토의 끝에 3·4·5세아 반 두 반, 1·2세아 반 두 반, 0세아 반 한 반을 만들기로 했다.

여기에는 아이들이 유치원을 자기 집처럼 생각했으면 하는 마음과 아이들이 어느 반에 있든 모든 선생님을 자기 선생님으로, 모든 아이를 자기 형제로 여겼으면 하는 바람이 담겨 있다.

이 결정을 내리는 과정에서 드러난 뜻밖의 사실을 밝혀두겠다.

나이가 다른 아이들을 한 반으로 묶자는 의견에 도조를 제외한 모든 설립동인(설립된 뒤에는 운영동인이 된다), 그러니까 나와 기시모토와 츠보야가 반대했다.

딱히 강력하게 반대하지는 않았지만 아이들의 생활 리듬, 표현 활동을 고려할 때 굳이 나이가 다른 아이들을 한 곳에 모아둘 필요는 없다고 생각했기 때문이다.

흔히 유치원의 운영 책임자와 일반 선생님들의 의견이 서로 충돌하면 양쪽 다 부담스러운 법이다.

그러나 이때는 부담감이라고는 눈곱만큼도 없었을뿐더러 오히려 개운한 느낌이 들었다.

그 이유는 모두 함께 깊이 있는 대화를 나누었기 때문이다.

덕분에 선생님들이 맡고 싶어하는 반이 거의 겹치지 않아 실제 담임 배정은 눈 깜짝할 사이에 끝이 났다.

한마디로 일사천리였다.

사흘째 아침에는 태양의아이 유치원의 이사장인 이토 도모노리 씨의 강의를 들었다. 이토 도모노리 씨는 교육상담자로 꽤 많은 책을 냈는데도, 선생님들은 그의 교육관을 거의 모르고 있었다.

강의는 주로 아이와 부모 관계를 다루었는데, 강의 시간 내내 "으음." 하고 공감을 나타내는 감탄 소리와 폭소가 끊이지 않아 합숙 연수 기간의 백미로 꼽을 만했다.

이토 도모노리 씨는 정서에 의한 전달, 곧 메타커뮤니케이션의 중요성을 강조했는데, 인간관계의 근원적인 사상인 동시에 다음 날부터 시작될 아이들과의 접촉에 직접적으로 도움이 되는 것이어서 선생님들은 큰 감명을 받은 것 같았다.

이어서 가시마와 내가 '어린이와 말'이라는 주제로 강의를 했다. 때

마침 가시마의 《닥스 선생님과 40명의 아이들》이라는 책이 출판되었기에 그것을 교재로 삼았다.

사람

훌륭한 사람보다 친절한 사람이 더 훌륭하다
친절한 사람보다 돈 없는 사람이 더 훌륭하다
왜냐하면
돈 없는 사람은
아주 힘들지만
아주 잘 살고 있으니까

― 1학년 나카니시 유스케

이런 새로운 시도 소개했다.

아이들 언어의 재미를 가르치는 것이 강의 목적이었기 때문이다.

오후부터는 '어린이의 표현2'라는 강의에서 기시모토가 어린이 음악에서 리듬의 중요성을, 와타나베 게이코 선생님이 '코다이' 1882~1967. 헝가리의 작곡가이자 민족음악학자로, 헝가리의 음악교육을 근본적으로 개척한 사람의 음악 실천에 관한 내용을 실기와 곁들여서 이야기했다.

문외한인 나는 그저 감탄하며 듣고 있었다.

일정은 이것으로 끝났지만 그 뒤에도 작은 즐거움이 기다리고 있었다.

다 함께 산노미야(고베의 번화가)로 나가 밥을 먹고 가토 도키코 씨의 음악회에 가기로 했던 것이다. 식당은 내 작품《태양의 아이》에 나오는 '에스카르고'로 정했다. 나는 아주 좋은 생각이라며 기뻐했지만 공교롭게도 그날은 '에스카르고'가 쉬는 날이었다.

우리는 '에스카르고' 대신에 '게이로드'라는 인도 식당에서 밥을 먹고 가토 도키코 씨의 음악회를 보러 갔다.

노래가 끝나고 우리는 무대 뒤편으로 가서 가토 도키코 씨에게 선생님들을 소개했다. 친절한 가토 도키코 씨는 선생님들과 일일이 악수를 나누었고 격려의 말도 해주었다.

'잘 배우고 잘 놀고'라는 내용으로 이번 합숙 연수를 꾸며보았는데, 선생님들은 이 연수를 어떻게 받아들였을까?

격랑 속에서 항해를 시작하다

앞 장에서는 합숙 연수 이야기밖에 쓰지 않았지만, 원래는 〈화려한 합숙 연수와 초라한 입학식〉이라는 제목으로 입학식 상황도 아울러 보고할 생각이었다.

나는 이 책에 좋은 이야기만 쓸 생각은 없다. 시행착오는 물론이고 우리의 미숙함도, 실수를 저질렀다면 그 실수도 솔직하게 밝힐 작정이다.

사전 면접을 제외한다면 입학식은 선생님들과 아이들이 처음 만나는 중요한 순간이다. 나는 입학식 업무를 모두 선생님들에게 맡겼다.

입학식 날, 나는 좀처럼 입지 않는 양복을 차려입고 태양의아이 유치원으로 갔다.

물론 화려한 행사를 예상하지는 않았지만 문 앞에 입학식을 알리는 입간판조차 없는 게 아닌가.

직원실에 들어갔더니 선생님들은 평상복 차림이었고 더러 청바지를 입은 사람도 있었다.

어느덧 아이들과 부모님이 나란히 유치원에 모습을 보이기 시작했다. 부모님이나 아이들도 화려하지는 않지만 대부분 나들이옷 차림이었다.

나는 아침 회의에서 말했다.

"오늘은 입학식 날 아닙니까? 입간판조차 찾아볼 수 없다니, 이게 대체 어떻게 된 겁니까? 뭔가 생각이 있어서 그런 겁니까?"

나는 사람들 앞에서 좀체 화를 내지 않지만 이때는 도저히 참을 수가 없었다.

내 태도에 선생님들의 낯빛이 약간 창백해진 듯했다. 원장인 도조가 선생님들을 감싸주려는 듯이 말했다.

"입학식이라는 게 말하자면 교육 조치를 받아야 할 아이들이 유치원을 찾는 일상적인 날이니까……."

나는 도조 요시코의 말에 화가 폭발했다.

나는 관공서에서나 쓰는 '조치'라는 말을 몹시 싫어한다. 거기서는 유치원 아이들을 '조치아'라고 하고, 유치원 운영비를 '조치비'라고 한다.

아이들이 조치를 취해야 할 대상인가?

우리는 그런 정부기관과 다른 관점에서 이 유치원을 운영하려는 것이 아니었던가?

나는 도조를 호되게 비판했다.

입학식을 일상적인 교육 활동의 일부로 여기고 야단스레 꾸미지 않겠다는 생각을 모르는 것은 아니다.

그러나 우리는 아이들과 부모님에게 입학식을 하겠으니 참석해달라는 안내장을 보냈다. 그래놓고 흰 종이에 '태양의아이 유치원 입학식'이라고 쓴 입간판조차 세우지 않겠다는 것인가?

입학식 날이기에 부모님과 아이들은 평소와 다른 옷차림으로 와주었다. 선생님들도 거기에 걸맞은 옷차림으로 아이들과 부모님 앞에 서는 것이 예의가 아닐까?

중요한 입학식을 앞두고 감정을 억누르지 못한 것은 내가 성숙하지 못하기 때문이다.

선생님들의 생각과 내 생각 중 어느 쪽이 옳은지도 딱 잘라 말하기 어려우리라.

무엇보다 이런 과정을 고스란히 글로 전하는 것 자체가 몹시 부끄러운 일이다.

그러나 나는 허울 좋은 말만 쓰고 싶지 않다.

나는 자신을 숨김없이 드러낼 것이다. 그러므로 태양의아이 유치원의 선생님들도 그런 용기를 가지기 바란다.

입학식은 와타나베 게이코 선생님이 아이들에게 말을 걸면서 시작되었다.

"제 주머니 속에 무엇이 들어 있을까요?"

와타나베 선생님은 주머니에서 뭔가를 살짝살짝 내보이면서 솜씨 좋게 아이들의 관심을 모았다.

와타나베 선생님은 신참 선생님들이 넋 나간 듯 바라볼 만큼 뛰어난 솜씨로 겨우 몇 분 만에 아이들과 부모님들의 마음을 사로잡아버렸다.

나는 마음속으로 와타나베 선생님에게 고맙다는 말을 했다.

나, 이토 도모노리 씨, 사와노 이사무 씨가 차례로 짧은 인사말을 했다.

사와노 이사무 씨는 "여러분의 손으로 선생님들을 키워주시기 바랍니다." 하고 부모님들에게 말했고, 이토 도모노리 씨는 "이곳은 모두가 함께 성장하는 곳입니다."라고 역시 부모님들에게 인사했다.

이어서 원장인 도조가 선생님들을 차례로 소개했고, 선생님들은 다들 자기소개와 함께 한마디씩 인사말을 했다.

그동안 나는 줄곧 부모님들의 얼굴을 바라보고 있었다.

부모님들은 내내 웃는 얼굴로 우리를 지켜봐주었다.

굳이 일요일에 입학식을 한 이유는 아버지들이 참석해주기를 바랐기 때문인데 성과가 있었다.

부모님들의 웃는 얼굴을 보며, 나는 서로에게 믿음이 있음을 느꼈다.

이렇게 해서 태양의아이 유치원이 출발했지만 그것은 그야말로 격랑 속의 출항이었다.

어떤 유치원이든 4월이 가장 힘겨운 달이지만, 태양의아이 유치원은 이제 막 새로 문을 연 탓에 유치원을 다녀본 적도 없는 아이들이 대부분이었다.

갑자기 낯선 곳에서 낯선 사람들에게 둘러싸인 아이들은 당연히 불안감과 공포심(?)을 노골적으로 드러냈다.

첫날과 둘째날은 한마디로 굉장했다.

앙앙 울어대는 아이나 도망쳐 다니는 아이는 그나마 나은 편이다.

어떻게든 달래보려는 선생님을 깨무는 아이, 선생님의 얼굴을 할퀴는 아이. 사흘째가 되자 몸에 상처가 없는 선생님을 찾아보기 어려울

정도였다.

아이들에게 상처를 입는 것은 그렇다 쳐도, 선생님들이 가장 두려워한 것은 아이들이 온몸으로 반감을 표현하느라 어딘가에 부딪쳐 스스로 상처를 내는 경우였다. 그럴 때 선생님들은 그야말로 온몸을 다 바쳐 아이들을 말려야 했다.

초등학교 선생님과 달리 유치원 선생님들은 밑바닥에서 시작해야 하는 가혹한 세계에 내던져지는 셈이었다.

남의 말 하듯 너무 느긋하게 말하는 것 아니냐고 선생님들은 화낼지 모르지만, 나는 아이들과 악전고투하는 선생님들의 모습이 아름다워 보였다.

나는 이 경험이 나중에 선생님들에게 반드시 도움이 될 것이라고 생각한다. 아니, 도움이 되기를 바란다.

있는 힘껏 눈물을 참고 있는 아이가 있었다. 내가 말을 걸었더니 아이는 밖을 가리키며 애처롭게 말했다.

"나, 집에 갈래."

장난감 전화를 걸고 있는 아이가 있었다.

"여보세요, 아빠? 오늘, 회사에서 빨리 와서 나 좀 데려가. 아빠, 들려? 응응."

내가 미소를 짓자 그 아이는 부끄러워하면서도 방그레 웃었다.

아이들도 하나같이 아름다웠다.

그러던 중에 나는 어떤 선생님의 행동에 깊은 감동을 받았다.

시오야 미쓰요라는 선생님은 격렬하게 반항하는 T라는 아이 때문에 애를 먹고 있었다. 아무리 달래도 T는 물 밖으로 튀어나온 새우처럼 날뛰었다. 콘크리트 벽에 머리를 박으려고 달려든다. 그것을 막으려고 시오야 선생님이 T를 부둥켜안는다. T는 버둥댄다.

보다 못한 이케다 유이치 선생님이 T를 껴안는다.

이런 모든 행동들은 늘 T의 눈높이에서 일어난다. 그러니까 시오야 선생님과 이케다 선생님은 엉덩이를 바닥에 붙이고 있는 것이다.

그 모습을 옆에서 지켜보고 있으면 안정감이 느껴졌고 무엇보다 상냥한 마음씨가 느껴졌다.

그러고 보면 태양의아이 유치원 선생님들은 아이들의 눈높이에 자기 눈높이를 맞추어 행동하는 경우가 많다.

높은 곳에서 아이들을 내려다보며 움직이는 일이 거의 없다.

그것이 의식적인 행동인지는 잘 알 수 없지만 아이들과 함께하는 어른들에게는 매우 중요한 일이다.

유치원 문을 연 지 일주일쯤 지났을 무렵, 다마가와 유키코라는 선생님이 날마다 울기만 하던 아이가 오늘은 울지 않고 잘 놀았다고 통통 튀는 목소리로 내게 보고했다.

그러고는 먼 곳을 바라보는 듯한 눈빛으로

"저, 정말 기뻐요."

하고 나지막이, 그러나 다부진 목소리로 말했다. 나는 그 말에 가슴이 뭉클했다. 나는 이 선생님에게 믿음이 갔다.

그런 기특한 선생님들에 비해 유치원에 대해서는 까막눈인 나는 아이들 앞에서 맥도 못 춘다.

한번은 유치원을 뛰쳐나간 아이를 20분 가까이 허둥대며 뒤쫓아 다닌 적도 있었다.

그런 나를 보고 도조가 빙그레 웃었다. 이 사람은 아이들의 마음을 사로잡는 기막힌 비법을 알고 있는 게 아닐까. 겨우 5분 만에 그 아이를 유치원으로 데리고 돌아왔으니 말이다.

아이들에게 화를 내기 전에 아이들과 이야기를 나누며 아이들이 마음을 열어줄 때까지 끈기 있게 기다려야 한다. 나는 젊은 선생님들이 도조에게 '기다림'이라는 호흡을 배웠으면 하고 늘 생각한다.

'기다림'이 몸에 배지 않으면 아무래도 아이들에게 명령하거나 아이들을 억누르게 되기 때문이다.

아이들을 돌아보고,
자신을 돌아본다

선생님들은 몸이 아파 하나 둘씩 쉬기 시작했다(열이 펄펄 나는 선생님이 고집스레 출근하는 바람에 제발 무리하지 말고 쉬라고 설득하는 것도 고생 아닌 고생이었다).

나는 한때 이러다가 우리 유치원이 잘못되는 건 아닌지 걱정했다.

원장인 도조나 세코 도요코, 후쿠다 유키코, 마쓰나가 아케미 선생님처럼 유치원 교사 경험이 있는 선생님들은 역시 잘 견뎠다.

그 밖에 와타나베 같은 몇몇 선생님들도 잘 견뎌주었는데, 그런 사람들이 없었다면 '태양의아이'는 출항한 지 일주일도 못 되어 침몰해 버렸을 것이다.

아무튼 한 달 남짓한 기간 동안 우리는 죽을힘을 다해 돛을 펴고 키를 잡고 있었다.

유치원 일이 어느 정도 익숙해지자, 선생님들은 이번에는 다양한 개성을 지닌 아이들 때문에 고민해야 했다.

1·2세아 반의 T와 3·4·5세아 반의 K가 한동안 집단생활에 적응하지 못했다.

자기 반에 들어가기 싫어서 떠돌이처럼 이 반 저 반 기웃거리는 것은 그나마 괜찮았지만 언제 들어갔는지 화장실이나 창고 구석에서 잠들어버리는 데에는 당할 재간이 없었다.

그때마다 소동이 벌어졌다.

두 아이는 직원실에 내가 있는 것을 보면 안으로 들어왔다.

K는 스스럼없이 안으로 들어와 내 무릎 위에 착 올라앉고는 그림책을 읽어달라고 했다.

T는 일부러 넘어지거나 물구나무서기를 해서 내 관심을 끌려고 했다.

"여기서 놀래?"

내가 슬쩍 떠보면 아이들은 빙그레 웃으며 안으로 들어온다. 아이들은 내가 마음에 드는 모양이다.

두 아이 때문에 다른 선생님들도 한바탕 웃은 적이 있다.

나도 어릴 때 집단생활에 적응하지 못했다.

"애들도 그걸 아는 모양이야."

내가 그렇게 말하자, 한 선생님이 놀리듯이 말했다.

"선생님이 늘 말씀하시잖아요. 아이들은 감수성이 예민해서……."

언젠가 나는 K에게 같은 그림책을 다섯 번쯤 읽어준 적이 있었다. 그때 K가 딴짓을 하기에 관심이 없나 싶어 중간에 읽기를 그쳤더니 K는 계속 읽으라고 했다.

동화작가이기도 한 나로서는 따분한 남의 동화를 몇 번이나 되풀이해서 읽는 것이 여간 지겹지 않았다.

말하자면 나는 K에게 큰 은혜를 베푼 셈이다.

한참 뒤에야 K는 그 그림책에 질렸는지 다른 책을 가져오라고 했다.

"네가 볼 거니까 네가 직접 가져와야지."

내가 말하자

"으응, 갓다줘."

하고 K는 고집을 부린다.

"안 돼. 네가 볼 책이니까 네가 가져와."

"싫어, 갓다줘."

이런 대화가 여러 번 오갔다. 나는 문득 예전 같았으면 이런 경우에 어떻게 했을까 생각해보았다. 예전에 비하면 지금은 꽤 참을성 있게 아이들을 대하고 있다.

얼마 뒤에 내가 말했다.

"그럼 같이 가지러 갈까?"

K는 신이 나서 "응." 하고 고개를 끄덕였다.

아이들에게 무턱대고 내 주장만 내세워도, 아이들의 말을 무조건 받아줘서도 안 된다.

한편 T와는 함께 밥을 먹기도 하고 볼일을 보러 나가 한참 동안 같이 걷기도 했다. 도중에 지쳐서 잠든 T를 업고 돌아온 적도 있다.

이렇게 T와 함께 시간을 보내는 사이에 나는 이 아이가 착한 아이라고 확신하게 되었다. T는 항상 자기 자신과 이야기를 나누었고 길가의 풀과 벌레들에게 끊임없이 말을 걸었다. 이 아이는 지금 그 일로 너무 바빠서 다른 사람에게까지 관심을 둘 여유가 없을 뿐이라고, 나는 생각했다.

T를 맡고 있는 선생님들도 내 생각을 어느 정도 알고 있었는지 회의시간에 이런 말을 했다.

"문득 내가 T를 억지로 교실에 들여보내려 한다는 사실을 깨닫고 깜짝 놀랐어요. 우리 쪽에서 먼저 T에게 다가가려고 노력한 적이 없다는 걸 깨달은 거죠. 오늘 점심때 T가 창밖에 서서 밥을 먹고 있는 우리를 보고 있기에, 제가 '자, 여러분, 오늘은 밖에서 밥을 먹을까요?' 하고 말하며 T한테 먼저 다가가보았어요."

이제 K나 T가 직원실을 찾는 일은 거의 없다.

내가 교실에 들어가면 K나 T는 변함없이 반갑게 웃어주지만 더 이상 나를 졸졸 따라다니지 않는다.

K나 T의 예는 아주 작은 부분에 지나지 않는다. 아이들과 선생님 사이의 격렬한 실랑이는 내가 모르는 것까지 합하면 아마 상당히 많을 것이다.

태양의아이 유치원에는 흔히 '장애아'라고 불리는 아이의 부모님과 선생님들이 주고받은 편지글이 빽빽이 채워진 공책이 있다. 그리고 그 공책은 처음 유치원 문을 열었을 무렵 눈물겹도록 고생한 선생님들의 귀중한 실천 기록으로 남아 있다.

나는 선생님들에게 아무리 사소한 일이라도 꼬박꼬박 기록해두라고 강조한다.

그것은 누구에게 보고하기 위해서가 아니라 자신의 성장을 위해서 무엇과도 바꿀 수 없을 만큼 소중하기 때문이다.

좀 과장스럽게 표현해서 '어떤 사건'이 터졌다. 태양의아이 유치원의 운영동인이자 화가인 츠보야가 유치원을 한 바퀴 돌아보고는 어처구니없다는 얼굴로 돌아왔다. 무슨 일이냐고 물었더니 주홍반 교실의 문과 벽에 낙서가 되어 있더라고 했다.

츠보야는 오랫동안 아동 미술 분야의 일을 한 사람으로 아이들의 낙서 자체를 부정하지는 않는다.

하지만 아이들의 표현을 이렇게 안이하게 받아들이는 것은 도저히 참을 수 없다고 했다. 따로 시간을 내어 아이들의 표현에 관한 연수까지 했는데 결과가 저 모양이니, 연수가 대체 무슨 의미가 있냐고 했다.

그 말을 듣고 나도 그 낙서를 보러 갔다.

말 그대로 새하얀 문과 벽에 무의미한 선이 아무렇게나 그어져 있어서 순간적으로 나도 불쾌한 느낌을 받았다.

마침 그날은 직원회의가 있는 날이었다. 당장에 이 문제를 회의에 올리기로 했다.

와타나베 게이코 선생님이 아이들에게 낙서를 하게 한 이유를 설명했다. 아이들 방에는 아이들다운 생동감이 있어야 하는데, 우리 유치원 교실의 벽은 병원 벽처럼 온통 새하얘서 도저히 그냥 보고 있을 수 없었다는 것이다.

그래서 아이들한테 낙서를 시켰는데, 내키지 않는 듯 처음에는 머뭇거리는 아이도 더러 있더라고 했다.

여기에 츠보야와 기시모토가 차례로 의견을 말했다.

아이들 방에 생동감이 필요하다는 것은 이해가 가지만 방법이 너무 안이했다. 아이들의 표현에는 반드시 정신적 해방감이 나타나야 하지만, 그렇다고 무슨 짓을 해도 상관하지 말고 내버려두라는 얘기는 아니다. 아이들의 해방감은 기쁨을 느끼거나 뭔가에 몰두하는 행위를 통해 창조적 에너지로 변화해야 한다.

그러려면 원래 팽팽한 긴장감이 따르게 마련이다. 교사는 어떻게든 아이들 내부에 그런 긴장감이 생겨나도록 이끌어주어야 한다.

물론 다른 선생님들도 저마다 자기 생각을 말했다. 이 낙서 사건은 여러 의미에서 우리에게 문제를 던져주었다.

그중 가장 큰 문제는 우리(여기서는 유치원 설립동인을 가리킨다)의 교육이념을 과연 선생님들이 올바로 이해하고 있느냐였다. 다시 말해서 선생님들이 우리의 교육이념을 이해할 수 있도록 우리 쪽에서 학습의 장을 마련해주고 있느냐 하는 문제인 것이다.

주홍반 선생님인 와타나베, 다마가와, 덴타쿠 게이코, 시마타 기요코 선생님과 그 밖의 다른 반 선생님들이 이 문제를 함께 의논한 것 같았다(나는 그 자리에 없었다).

낙서는 지우지 않기로 했다고 와타나베 선생님이 말했다. 나도 찬성했다.

그 지점에서 출발할 수밖에 없었던 자신들을 깊이 돌아보겠다는 다짐에서 내린 결정이리라.

선생님은 T가 참 좋아

지금까지 나는 한 사람의 교사이자 한 사람의 작가였다. 유치원을 운영하면서부터 그것이 불가능해졌다. 그 때문에 나는 고통스럽고 불안했다.

우리가 과연 잘 하고 있는 걸까?

도통 자신이 없었다. 그렇기에 나는 더욱 견디기 힘들었다.

선생님들 주위에는 항상 아이들이 있었다. 일주일에 한 번 있는 직원회의는 밤 9시, 10시까지 이어지고, 다루는 내용은 하나같이 당장 코앞에 닥친 문제뿐이었다.

개인적으로 이야기할까 싶다가도 누구한테는 하고 누구한테는 하지 않을 수 없어서 망설여졌다. 선생님들도 마찬가지였으리라. 언젠가

부터 내게 직접 고민을 털어놓거나 편지로 하소연하는 선생님들도 줄어들었다.

공부 모임을 만들까 생각해보기도 했지만 대체 언제 시간을 낼 수 있을지 의문스러웠다.

나는 밑도 끝도 없는 세계에서 헤매고 있는 기분이었다.

또 하나 나를 초조하게 만드는 것이 있었다. 태양의아이 유치원의 정원은 120명이다. 이 정원에 적절한 선생님 수는 17명이다.

그러나 새로 생긴 유치원이다보니 60명의 아이들로 시작할 수밖에 없었다. 말하자면 선생님을 너무 많이 채용한 것이다.

덕분에 나는 내키지 않는 강연을, 많을 때는 한 달에 예닐곱 번씩이나 해야 했다.

오키나와에서 강연이 끝나자마자 곧장 홋카이도로 날아가야 하는 경우도 허다했다.

그리고 그 사이사이에 원고를 썼다.

도무지 유치원에 갈 시간이 없었다.

문득문득 내가 대체 뭘 하고 있는가 하는 절망감이 밀려오기도 했다. 유치원을 만들어서 하려던 일에는 손도 못 대고 있지 않은가. 이런 생각이 나를 우울하게 만들었다.

어느 날 중증 장애를 가진 K코의 아버지가 우리 유치원을 찾아왔다.

K코는 뇌종양 진단을 받고 일곱 번이나 수술을 받았다. 38개월 된 아이지만 발달지수는 겨우 15 정도(생후 6개월에 해당한다)였다.

몸을 거의 움직이지 못했다.

K코의 아버지가 말했다.

"이 아이도 인간입니다. 인간다운 생활을 하게 해주고 싶습니다. 친구들이 있었으면 좋겠어요."

당연한 말이다.

나는 K코를 유치원에 데려오라고 했다. 눈이 아름다운 아이였다. 내가 말을 걸자 웃었다.

아이들에게 둘러싸이자 온몸으로 그 기색을 느끼려고 했다.

K코가 우리에게 보내는 답신인 것이다.

선생님들이 잇따라 찾아와 K코를 안고 '대화'를 나누었다.

우리는 직원회의에서 K코를 맡을 것이냐 말 것이냐로 이야기를 나누었다.

"K코와 함께 공부하고 싶습니다."

선생님들은 그렇게 말했다.

오로지 한 선생님이 아무 말도 없이 묵묵히 앉아 있었다. 사회자가 발언을 재촉했다.

"모르겠어요. 저는 모르겠어요."

하고 그 선생님은 말했다.

나는 충격을 받았다. 도저히 말로 표현할 수 없는 큰 충격이었다.

나는 그 선생님의 마음을 읽으려고 필사적으로 애썼다.

"저는 잘 모르겠어요."

딱 한 가지 점에서 나는 그 선생님의 입장을 이해할 수 있었다. 나는 말했다.

"모두가 기요코와 함께 공부하자고 하는데 오직 혼자 잘 모르겠다고 말하는 것은 매우 용기 있는 일이라고 생각해요. 비록 소수 의견이지만 이것도 하나의 의견으로 받아들이고 싶습니다."

이런 허울 좋은 말을 하는 내 자신이 싫기도 했지만 한편으로는 '뭐 이걸로 됐어.'라는 마음도 있었다.

그로부터 꽤 시간이 지난 뒤 회식 자리에서, 그 선생님은 눈에 눈물을 머금고 말했다.

"저는 이 유치원의 이념이 뭔지 모르겠어요. 알고 싶어요."

그 선생님의 고뇌를 소중하게 받아들이는 것이 내가 할 일이리라.

그런데 우리가 아무리 K코를 맡고 싶어도 법적으로 K코는 태양의 아이 유치원에 다닐 수 없었다.

정부에서는 선생님 한 명이 장애아 세 명을 맡도록 예산을 편성한다. 이 말은 가벼운 장애를 가진 아이는 유치원에 입학할 수 있지만, K코처럼 장애가 심한 아이는 유치원에 다니는 일이 불가능하다는 것을 의미한다.

실제로 K코는 집단생활에 부적당하다는 이유로 유치원에서 문전박대를 당하는 처지였다.

이런 점은 반드시 개선돼야 한다고 행정기관에 강력하게 호소하고 싶다.

법적으로 K코는 태양의아이 유치원에 '놀러' 오고 있을 뿐이다.

그러나 그것은 아무래도 좋다(물론 전혀 상관없는 문제는 결코 아니지만). 중요한 것은 K코와 우리가 둘도 없이 소중한 친구라는 사실이다.

앞에서 나는 흔히 '장애아'로 불리는 아이의 부모님과 선생님들이 주고받은 편지글로 빽빽한 공책이 있다고 했다.

지금 그 공책은 두 권으로 늘었다.

그중 입학식이 있었던 4월의 글 몇 편을 소개하겠다.

선생님들이 쓴 글이다.

4월 7일

    10시 30분쯤, 간식을 먹기 위해 다들 교실로 들어갔습니다. T는 마지막까지 놀이터에서 그네를 타고 있었죠. 저는 T 옆에서 그네를 밀며 잠깐 놀아주다가 "간식 시간인데." 하고 말했습니다. 그러자 T는 "안 먹어!" 하고 대답하더군요. "교실에 들어가자."고 하니까 "싫어." 하고 대답했고요. 그러다가 "교실에 가서 전화 걸자." 하고 말했더니 "전화?"라며 당장에 그네에서 내려 안으로 들어갔습니다. 계단까지는 잘 올라갔는데 교실에는 좀처럼 들어가려고 하지 않았어요.

    놀이방에 들렀다가 겨우 교실에 들어갔는데 다시 문으로 달려가는 거예요. 쫓아가서 안고 되돌아오는 일을 여러 번 반복하다보니까 어쩐지 놀이를 하는 것처럼 재미있더라고요.

    꼭 다 같이 간식을 먹어야 하는 건 아닌데……라는 생각도 해보았지만 아무래도 배가 고플 것 같았어요.

    T는 제 시계에 관심이 있는지 시계를 풀어서 주머니에 넣었다 뺐다 하더니, 집에 갈 때는 다시 돌려주었어요. 참 착해요. 조금씩 친해지고 싶어요.

—구다 아케미

4월 14일

  오늘은 모래밭에서 신나게 놀았습니다. 처음에 코끼리와 원숭이와 개미의 화장실을 만들었습니다. 물론 화장실 크기도 각각의 동물한테 맞도록 신경을 썼죠. 수세식이니까 물이 있어야겠다 싶어서 물을 길러 갔더니 물이 안 나오는 거예요. T는 2층에 수도가 있다는 사실을 떠올리고 날쌔게 달려가서 물을 길어왔습니다. T는 행동파예요.

  점심시간에도 안에 들어가려고 하지 않아서 입이 닳도록 설득하고 손을 끌어당기기도 했지만, T는 울며불며 안 가겠다고 버텼습니다.

  꽤 한참 동안 씨름하다가 결국 포기하고 "안녕." 하고 먼저 와버렸는데, 어느새 T가 교실에 들어와 있었습니다. 낮잠시간에는 통 자려고 하지 않았지만 다른 아이들한테는 피해를 주지 않고 놀더군요.

  내 배 위에 척 올라와 "난 선생님 이불." 하고 말하기도 하고, 내 얼굴을 여기저기 만지작거리기도 했습니다. 낮잠시간이 끝났을 때 나도 모르게 "선생님은 T가 참 좋아."라고 말해버렸답니다.

  T는 점심 도시락을 먹은 뒤에 컵과 젓가락도 말끔히 치웠습니다.

—시라이시 마키코

4월 27일

T는 0세아 방에 자주 갑니다. T뿐 아니라 다른 아이들도 가끔 찾습니다. 다다미가 깔려 있어 안정감을 느끼기 때문일까요?

0세아 방에는 항상 음악이 흐릅니다. T는 녹음기 앞에 서서 스피커에 귀를 대고 열심히 듣곤 합니다. 음악을 좋아하는 것 같습니다.

전자오르간이나 피아노 같은 악기에 흥미가 많은 것도 같고요. 그러고 보니 언젠가 T가 나한테 〈송사리 남매〉를 쳐달라고 한 적이 있었습니다. 전에 시라이시 선생님이 그 곡을 치니까 무척 즐거워하더군요. 그런데 나는 〈송사리 남매〉를 칠 줄 몰라서 대충대충 쳐줬더니 T는 화를 내며 휙 나가버렸습니다.

―하이타니 마사유키

한 생명이 이렇게 마음씨 고운 선생님들에게 둘러싸여 있다.

정작 유치원을 만들어서 하려고 했던 일에는 손도 못 대고 있다고, 건방지게도 나는 불평을 했다.

부끄러운 이야기다.

생명을 먹고 자란다

태양의아이 유치원에 농장이 있다는 말은 앞에서도 했다. 지금은 여름 채소가 끝물이지만, 이제까지 가지, 토마토, 오이, 아욱, 피망, 옥수수, 호박, 멜론, 수박, 고구마, 콩 등을 길렀다.

고구마는 아직 땅 속에 있지만 나머지는 모두 처치하기 곤란할 만큼 많이 거둬들였다. 일부는 부모님들한테 팔았을 정도이다.

사실 밭일은 내가 가르치겠다고 큰소리쳤지만, 앞에서 말했듯이 나는 너무 바빠서 도저히 시간을 낼 수 없었다. 결국 밭일을 해본 경험이 없는 선생님들을 이끌고 나 대신 고생한 사람은 와타나베 아키라 선생님이었다.

와타나베 선생님은 순박하고 정이 많아 다른 선생님들에게 호감과

신뢰감을 주는 젊은이로, 농촌 출신이라서 밭일을 할 줄 알았다.

내게는 말 그대로 구세주였다.

《유치원 소식》중에서 아이들이 농장에서 일하는 모습을 기록한 와타나베 선생님의 글을 인용해보겠다.

……처음 농장에 갔을 때 아이들은 맨발로 밭을 뛰어다녔다. 모종을 심어놓은 이랑 위에 발자국을 콩콩 찍고도 태연했다.

우리와 함께 밭일을 하는 시간은 아주 잠깐이고, 나머지 시간은 개구리를 잡거나 클로버 꽃으로 꽃목걸이를 만들거나 흙장난을 하며 마음껏 놀았다.

우리는 아이들한테 억지로 밭일을 시키지 않고 묵묵히 일했다.

무엇보다 우리는 아이들이 자연 속에서 마음껏 뛰어놀 수 있기 바랐고, 눈빛을 빛내며 자기가 잡은 개구리를 보여주러 오는 아이들의 모습에 흐뭇해했다.

비록 놀이가 밭일의 대부분을 차지했지만 씨 뿌리나 물 주기, 감자 모종 심기, 잡초 뽑기 같은 일도 나름대로 경험했다.

그런데 요즘 들어 아이들의 움직임이 달라졌다. 눈을 빛내던 대상이 개구리에서 새빨간 토마토로, 큼직한 오이로 옮겨갔다. 환성을 지르며 토마토를 따고 고랑 사이를 뛰어다니며 가지를 나르게 되었다.

아이들은 채소를 이렇게 많이 땄다고 기뻐했고, 채소가 이렇게 커다랗게 자랐다고 자랑했다.

오전에는 수영장에서 신나게 물놀이를 하고 오후에는 밭에 가서 새빨간 토마토와 반들반들한 가지와 오이를 딴다. 간식으로는 밭에서 딴 토마토를 먹는다. 얼마나 행복한 아이들인가…….

와타나베 선생님은 밭에 가는 일은 '살아 있는 생명'을 배우는 일이라고 말한다.

그것은 우리 유치원의 이념이기도 했다.

내가 무엇보다 기뻤던 것은, 위의 글을 읽으면 알 수 있겠지만 아이들에게 억지로 밭일을 시키지 않았다는 점이다.

아무리 좋은 일도 아이들이 흥미를 갖든 말든 억지로 강요하는 것은 옳지 않다. 아이들의 흥미를 이끌어내려면 어른이 먼저 몸을 움직이고 땀을 흘려야 한다.

태양의아이 유치원의 선생님들은 그것을 몸으로 실천했다. 어른이 성실하게 일하는 모습을 아이들에게 보여주는 것은 귀중한 교육이다.

선생님들은 시간이 남아서 농장에서 밭일을 하는 것이 아니다. 아이들이 심은 감자 모종 가운데 제대로 심기지 않은 것을 다시 심는 작업도 생각해보면 귀찮은 일이다.

오이를 따라고 하면 뿌리께부터 뚝 잘라버리는 아이도 있다. 이런 아이에게 일일이 올바른 방법을 가르친다. 하나같이 힘든 일이다.

그러나 이것이 교육이다.

선생님들은 이런 생각으로 끊임없이 노력한다.

원장인 도조가 재미있는 이야기를 들려주었다.

어떤 아이가 자기더러 거짓말쟁이라고 하더란다.

까닭을 물었더니, 쭉쭉 뻗은 감자 줄기를 가리키며 이파리만 있고 감자는 하나도 없으니까 거짓말이 아니냐고 말이다.

도조는 아이한테 설명을 해주려다가 퍼뜩 말을 삼켰다고 한다.

나중에 땅 속에서 굵은 감자알이 나왔을 때 그 아이가 얼마나 기뻐하고 놀라워할까 생각해서 참았다며, 도조는 웃었다.

아이들에게 밭에서 키운 채소와 날마다 급식 때 먹는 채소가 똑같거나 비슷한 종류라는 인상을 심어준 의의는 컸다.

더욱이 메밀가루를 반죽해서 프라이팬에 굽거나 운동장에서 카레라이스를 만들거나 바비큐 요리를 함으로서, 아이들의 머릿속에 음식은 저절로 생기는 게 아니라 손수 만드는 것이라는 의식이 조금씩 자리 잡았다.

설사 누군가가 만들어준 음식이라도 거기에는 반드시 많은 사람의 지혜와 노동이 들어가 있음을 깨닫는다면, 아이들은 식사를 통해 정신적으로도 성장할 것이다.

태양의아이 유치원에서 급식(본의 아니게 이 말을 사용하는 것을 이해하기 바란다)은 중요한 교육 가운데 하나이다.

모든 선생님이 식단을 짜서 제출한다. 그리고 다같이 검토한다.

싫어도 어쩔 수 없이 공부를 해야 한다.

우리 유치원 급식의 기본 뼈대는 유치원 개원 전 합숙 연수 때 교재로 썼던 마루모토 요시오 씨의 《시스템 요리학》과 군지 아쓰타카 씨의 《아이들이 위험하다》에서 가져왔다.

마루모토 씨의 책은 한마디로 현대 미국 영양학의 관점에서 일본의 전통적인 식생활이 얼마나 우수한지를 입증한 책이다.

이 책에서는 일본인 식습관의 주된 특징이 생선, 조개류, 해조류, 감자, 섬유질이 풍부한 콩을 많이 섭취한다는 점과 영양분이 파괴되지 않도록 조리하는 점이라고 소개하고 있다. 매우 설득력이 있고 혁신적인 책인 것 같아 나는 모두에게 권하고 있다.

군지 씨의 책에는 가공식품과 식품첨가물의 위험이 꼼꼼하게 지적되어 있으므로 모든 부모님과 선생님들이 반드시 읽어야 할 책이다.

태양의아이 유치원에서는 음식에 햄과 소시지 같은 가공식품이나 반가공식품을 거의 쓰지 않으며 화학조미료는 아예 사용하지 않는다.

또 흰 쌀밥만으로는 부족하기 쉬운 영양소를 보충하기 위해 생선밥, 미역밥, 당근밥 등으로 혼식을 하는데, 이것도 이 두 권의 책에서 배운 것을 활용한 것이다.

여기에 8월의 식단을 소개하겠다.

월요일 초밥버무리(생선, 당근, 우엉, 연뿌리, 언두부, 표고버섯, 달걀, 콩), 톳조림(톳, 참치, 당근), 맑은장국(두부), 파드득나물, 과일(포도)

화요일 당근밥, 가지된장국(가지, 돼지고기와 쇠고기 간 것, 된장), 샐러드(당근, 오이, 토마토)

수요일 롤빵, 밀라노식 꼬마돈가스(돼지고기, 양파, 레몬), 달걀소스를 곁들인 시금치(시금치, 달걀), 프랑스식 감자 수프(감자, 우유, 닭고기 육수)

목요일 생선밥, 고기콩감자조림(쇠고기, 감자, 대두, 완두콩, 당근, 양파, 실곤약), 미역냉채(미역, 오이), 토마토

금요일 대구알밥, 비지(당근, 마른 표고버섯, 비지, 닭고기, 유부), 된장국(가지), 말린 정어리

토요일 우동(우동면, 돼지고기, 감자, 양파, 당근, 파, 유부, 표고버섯), 붉은콩조림

이 밖에도 간식이 있는데, 대개는 우유와 과일이다.

마른 멸치가 나올 때도 있다. 또 나 같은 사람에게는 정겨운 음식인 경단꼬치나 고사리떡이 나오기도 한다.

자기가 짠 식단은 자기가 만드는 것이 원칙이다. 요즘 젊은이들이 다 그렇듯이 몇몇 선생님을 제외하고 처음에는 다들 요리 솜씨가 형편없었다.

끓는 물에 언두부를 넣는 선생님도 있었고, 썬 야채를 그릇에 옮겨 담지 않고 도마 위에 있는 대로 쌓아놓고 불편하게 요리하는 선생님도 있었다.

그러나 하면 할 수 있는 것이 요리이다. 아이들이 먹을 음식이기에 아무렇게나 만들 수 없다. 조미료나 양념 등도 끊임없이 토론의 대상이 되었다.

선생님들은 수많은 시행착오를 겪은 듯했고 요리 솜씨는 나날이 좋아졌다. 이제 갓 스물을 넘긴 남자 선생님들도 능숙하게 칼을 다룰 줄 알게 되었다.

선생님들이 이렇게 신경 써서 음식을 만들자 부모님들도 뭔가 느낀 점이 있었던 듯하다. 첫 소풍 때는 아이들의 도시락 반찬에 소시지, 냉동 햄버거, 냉동 동그랑땡 따위가 눈에 많이 띄었는데 얼마 전 소풍 때에는 야채조림을 싸온 아이도 더러 있더라니 말이다.

모든 먹거리는 생명이다. 생명이 없는 먹거리는 하나도 없다. 그 생명을 먹는다고 실감하고 인식할 때, 인간은 겸허해지고 사치를 죄로 여기는 원점에 서게 된다.

와타나베 선생님의 말을 빌리자면, 그런 세상에서 살고 있는 태양의아이 유치원 아이들과 선생님들은 얼마나 행복한가.

동물들이 찾아왔다

　　　　　태양의아이 유치원에 동물들이 찾아왔다. 선발부대(?)는 길 잃은 강아지였다. 누군가가 버린 강아지인지도 모른다.

　강아지는 유치원에 들어오더니 나가려고 하지 않았다. 당장에 강아지를 기를 것이냐 말 것이냐로 직원회의가 열렸다.

　태양의아이 유치원에서는 아무리 사소한 일도 다 함께 뜻을 모아 결정하고 실천한다. 그 정신은 더없이 훌륭하지만 시간이 많이 걸리는 게 흠이다.

　불성실하게도 나는 회의 도중에 간간이 하품을 했다.

　격렬한 토론(?) 끝에 길 잃은 강아지는 아슬아슬한 표 차이로 유치원의 식구가 되었다.

남자인 이케다 선생님이 보건소에 전화를 걸고 동물병원에 강아지를 데려가 주사를 맞히고 왔다.

이때 강아지에게는 이름이 없었다.

잠시 내 이야기를 하자면, 나에게는 꿈이 하나 있었다.

다양한 동물이 돌아다니고 갖가지 식물이 열매를 맺고 꽃을 피운다. 그리고 그 한가운데에 아이들이 있다.

누군가 말하기를, 수많은 생명들에 둘러싸여 있을 때 인간은 자신의 생명을 자각한다고 한다. 나는 늘 그런 세상을 꿈꾸어왔다.

그래서 나는 개는 물론이고 작은 새와 작은 동물, 더 나아가 염소와 소, 망아지까지도 기르고 싶었다.

그 시작으로 우선 개를 길러보자고 직원회의에서 제안한 적이 있었지만, 선생님들이 한 가지 문제를 들고 나왔다.

아이들, 특히 어린아이들의 안전 문제였다.

전문가가 아닌 나는 그 질문에 아무 대답도 할 수 없었다.

결국 그 문제는 차차 생각해보기로 하고 잠시 미뤄두었다.

길 잃은 강아지는 우리에게 그 문제와 다시 마주하는 계기를 만들어준 셈이다.

물론 그때까지 선생님들이 완전히 손을 놓고 있었던 것은 아니다. 교실에서 금붕어나 송사리, 방울벌레나 달팽이를 기르는 등 나름대로 노력은 하고 있었다.

　그러나 동물이 하나도 없는 넓은 운동장 풍경은 너무 쓸쓸했다.

　강아지가 온 뒤로 운동장에는 활기가 넘쳤다. 고작 강아지 한 마리가 뛰어다니고 있을 뿐인데도 운동장 풍경이 사뭇 훈훈해졌다.

　강아지와 뛰어다니는 아이도 있고, 강아지가 쫓아오자 겁을 먹고 울음을 터뜨리는 아이도 있었다. 둘 다 보기 좋은 풍경이었다. 여기에 힘을 얻어 우리는 한 계단 더 뛰어오르기로 했다.

　용접을 할 줄 아는 우리 형이 동물 우리를 만들어주었다.

　이케다 선생님과 와타나베 선생님이 중심이 되어 동물 우리 한가운데에 연못도 만들었다. 연못가에는 시멘트를 바르고 아이들의 손자국을 찍었다.

　모든 준비를 마친 뒤 우리는 후속 부대를 맞이했다.

　작은 새로는 사랑앵무, 흰문조, 흑문조, 은복조, 모란앵무, 벽조가 있었고, 집오리 네 마리와 닭 세 마리, 토끼, 기니피그, 다람쥐, 거북이도 몇 마리씩 있었다.

　특이한 종류로 구관조가 있었는데 이 새는 아직 어려서 말을 할 줄 몰랐다. 나는 사람 말을 흉내 내지 않는 구관조가 더 나은 것 같은데, 다른 사람들 생각은 어떨까?

　강아지에게 이름이 생겼다. '지로'이다. 구관조에게도 '겐'이라는 이름이 생겼다.

벌써 알아차렸겠지만, 내 이름 하이타니 겐지로에서 '겐'과 '지로'를 따온 것이다.

운영동인인 기시모토가 여차할 때 분풀이 삼아 존칭을 붙이지 않고 내 이름을 마구 불러 대면 좋지 않겠냐고 농담을 하는 바람에 생긴 이름이다.

어쩌면 농담이 아닐지도 모른다.

어린이 책과 관계된 일을 하면서 오랫동안 고락을 함께 해온 운영동인 츠보야는 너무 지나친 것 아니냐며 정색을 하고 화를 냈다.

그러나 나는 어떤 말이든 자유롭게 할 수 있는 분위기가 바람직하다고 생각한다.

츠보야가 화를 내는 것도 이해는 하지만 태양의아이 유치원에서 나는 권위자이기보다 인간적인 사람으로 보이는 게 좋다.

사실 생명을 가두어 기르는 것은 좋지 않다. 그러나 여기는 산 속이 아니니 어쩔 수가 없었다.

우리는 동물 우리를 열쇠로 잠그지 않고 대신에 이중문을 만들었다.

아이들이 언제든지 자유롭게 드나들며 동물들과 만날 수 있도록 하기 위해서였다.

그러나 우리의 의도는 보기 좋게 빗나갔다.

동물과 함께 생활할 기회가 거의 없는 요즘 아이들은 동물이라는 존재 자체를 잘 이해하지 못하거나 덮어놓고 무서워했다.

그런 아이들의 모습을 보고 '그렇구나, 그럴 수밖에 없겠구나' 생각했다.

선생님들은 어떻게 하면 아이들과 동물들이 사이좋게 지낼 수 있을까 고민했지만, 나는 조급하게 생각할 것 없다고, 우선 동물들과 함께 지내는 것이 중요하다고 말해주었다.

나는 아와지 섬에서 닭을 기르고 자급자족 생활을 하며 시행착오를 겪어보았기에 그렇게 말할 수 있었다.

아이들이 동물과 함께 생활한 지 두 달이 채 지나지 않을 때였지만, 나는 아이들이 동물들을 어떻게 대하더냐고 선생님에게 물어보았다.

그리고 나는 아이들이 달라지고 있다고 확신했다. 다음은 선생님들에게 듣거나 내가 직접 본 아이들의 모습이다.

이케다 선생님에 따르면, 가장 먼저 우리 안에 들어가 동물들을 만진 용기 있는(?) 아이는 뭔가 딱딱한 장난감을 만지작거리는 것처럼 보였다고 한다. 그리고 몇몇 아이들은 잔뜩 겁먹은 얼굴로 우리 밖에서 그 모습을 지켜보고 있었던 모양이다. 이것이 동물들이 유치원에 찾아온 첫날의 풍경이었다.

또 동물을 싫어하지는 않지만 관심을 보이는 것은 유리문이나 철망을 사이에 두고 있을 때뿐이고, 지로가 다가가면 울거나 도망치는 아이도 있었다고 한다.

아이들이 동물들을 위해서 처음으로 한 일은 지로의 집을 지어주는 것이었다.

그때는 나도 함께 있었다. 물론 와타나베 선생님이 재료를 준비해 주긴 했지만 네댓 살짜리 아이들이 두꺼운 판자에 못을 꼼꼼히 박는 모습을 보고 나는 깜짝 놀랐다.

평소 조형 놀이 시간에 못질을 한 것이 도움이 된 셈이다.

어른이라면 하루 만에 끝낼 수 있는 일인데도 며칠씩 걸려 아이들이 손수 만들 수 있도록 배려한 선생님들이 존경스럽다.

어느 날, 다람쥐가 동물 우리의 좁은 틈새로 도망쳤다.

아이들은 다람쥐 잡기 대작전을 세우고 유치원 주위를 돌아다니며 한바탕 난리를 치렀다. 포스터까지 만들었다고 한다. 지명수배라고나 할까?

다람쥐는 끝내 잡히지 않았지만 식사 때가 되면 우리 근처로 돌아온다. 아이들이 뿌려주는 해바라기 씨를 먹기 위해서이다.

아이들은 이런 사실도 자연스레 받아들이고 있는 듯했다.

원장인 도조는 유치원을 견학하러 오는 사람들에게 다람쥐는 놓아기르고 있다고 설명한다. 이 말을 들은 상대방은 감탄하지만, 도조는 아이들의 마음을 대신 전하고 있는 것뿐이다.

이렇게 해서 아이들과 작은 동물들 사이에 동료의식이 점점 자란다. 어떤 아이는 자기가 애지중지 기르던 하늘소를 일부러 유치원에 가져와 우리 안에 놓아주었다.

물론 이 일은 비극으로 끝나고 말았다. 닭이 하늘소를 쪼아 먹어버린 것이다. 한 선생님은 놀란 아이의 눈을 바라보는 것이 얼마나 괴로웠는지 모른다고 했다.

가슴 아픈 이야기지만 덕분에 아이들은 귀중한 것을 배운 셈이다.

비가 오면 아이들은 집오리들이 어떻게 하고 있을까 걱정하게 되었다.

난폭하게 타이어 놀이를 하던 아이는 작은 새들이 놀라 일제히 날아오르는 것을 본 뒤로는 얌전하게 타이어 놀이를 하게 되었다고 한다. 선생님이 아무리 위험하다고 주의를 주어도 말을 듣지 않는 아이였다.

또 도조에게 들은 이야기로는, 지로의 장난에 다친 닭이 있었는데 한나절이나 곁에 쪼그리고 앉아 그 닭을 돌봐준 아이가 있었다고 한다. 아이들이 얼마나 정이 깊고 사랑스러운지 나는 새삼 절실하게 느꼈다.

직원실에서 이 글을 쓰고 있는데 마침 K와 S가 나란히 안으로 들어왔다.

손에 빈 병을 들고 있었다. 병뚜껑에 구멍을 뚫어달라고 도조에게 부탁하는 중이다.

"숨을 못 쉬잖아."

아이들이 말했다.

병 속에 뭐가 들었나 싶어서 보았더니 종이로 만든 거북이었다.

이 아이들도 사랑스럽지만 아이들의 선생님도 더없이 사랑스럽다.

아이들의 환성 소리가 들려온다. 수영장에서 지로와 집오리한테 헤엄을 시키고 있는 것이다.

마뜩찮아 하는 지로와 집오리의 얼굴이 눈에 보이는 듯하다.

고뇌 저편의 세계는 아무도 볼 수 없다 1

시행착오를 거듭하면서도 태양의아이 유치원은 착실히 걸음을 내딛고 있는 듯 보였다.

그러나 선생님들 저마다의 가슴 속에는 끝없는 고뇌가 숨어 있었다.

"나는 지금까지 일을 해왔습니다. 모처럼 고민이 생겨도, 모처럼 인간의 상냥함과 엄격함을 느껴도 모르는 척 외면하고 지냈습니다. 관리체제도 독재도 없는 호사스러운 세계에서 자기 자신을 잃은 채 일하다니, 요리조리 참 잘도 피해 다녔구나 싶어요. 이런 글을 뻔뻔스레 쓸 수 있는 것 자체가 근본적으로 정신력이 허약하기 때문이겠지요.

그러나 지금 나 자신의 추한 면을 인정하고 받아들이지 않는다면 내가 나로서 살아갈 용기가 생기지 않을 것 같아 이 글을 씁니다. (중략) 앞에서 나는 지금까지 일을 해왔다고 단언했습니다. 왜냐하면 태양의아이 유치원 이념에도 나와 있듯이, 이곳은 분명히 넓은 의미에서 놀이터인데도 나는 마음껏 놀지 않았기 때문입니다.

태양의아이 유치원은 하이타니 겐지로 선생님이 지배하는 직장이 아니라 우리 모두가 새롭게 만들어가야 할 놀이터인데도 창조적인 작업을 하지 않았던 것입니다. (중략)"

―시라이시 마카코

시라이시 선생님은, 자신은 아이들의 꿋꿋한 모습에 기대고 있을 뿐이라고 했다. 그 사실을 깨닫고 몹시 가슴이 아팠다고도 했다.

"……가슴이 아프면 피곤해집니다. 피로가 멋대로 몰려옵니다. 멋대로인 것은 이뿐만이 아닙니다. 평소에 아이들과 놀 때도 마찬가지입니다.

내가 하고 싶은 것, 아이들이 하고 싶은 것이 무엇인지 찬찬히 생각하고 그것을 실천에 옮길 여유가 없다보니 나 혼자 준비한 놀이가 그때그때 내 멋대로 이루어집니다. 하루하루가 '내일은 뭘 할까?' 고민하는 날들이죠.

 때로는 아이들과 도자기를 구워보고 싶다고 생각하기도 합니다. 그러려면 도자기 흙도 필요하고 가마도 만들어야 하는데, 이런 것들을 갑자기 준비할 수는 없으니까 내일은 임시방편으로 점토 놀이라도 하자고 생각하게 됩니다. 그러고는 그뿐, 도자기를 구워보자는 생각을 갖고 차근차근 준비하지 않기 때문에 그저 한 번의 점토 놀이로 끝나 버리는 것이지요.

 지금도 여전히 임시방편만 쓰고 있으니 정작 하고 싶은 일은 하나도 할 수 없습니다. 게다가 임시방편에 억지로 의미를 두려고 욕심을 부리다보니 또 피곤해집니다.

 임시방편 따위에 뭔가 의미를 두려 하다니 사기꾼이 따로 없구나 하고 생각하면서도, 내 머리로는 도저히 좋은 생각이 떠오르지 않아 책에 의존합니다. 다음 날이면 나는 책에서 복사한 것을 아이들 앞에 내밉니다. 그러고는 책에서 읽은 결과를 얻으려고 서둘러 아이들을 그쪽으로 몰아갑니다. 이런 식으로는 아이들도 어른도 즐거울 수 없겠지요.

 거듭 말하지만, 즐거운 시간을 갖기 위해서는 하고 싶은 일을 찬찬히 생각할 시간과 그것을 하고자 하는 의욕을 끝까지 잃지 않는 용기가 필요합니다.

하지만 유치원에서 쌓인 피로를 집으로 가져가서는 그런 시간을 만들어낼 수 없습니다. 지금 내게 가장 절실한 것은 우리 유치원을 어떻게 창조적으로 만들어갈 것인지 찬찬히 생각할 수 있는 시간입니다.

이때 잊어서는 안 될 것이 있습니다. 아이들의 인생을 생각하는 일입니다. 나는 아직 아이들의 인생도 제대로 모르고 아이들을 제대로 사랑할 줄도 모릅니다.

세상에는 헤아릴 수 없이 많은 아이들이 있으므로 내가 태양의아이 유치원의 아이들과 만난 것은 그야말로 기적입니다. 그것 자체가 얼마나 아름다운 일인지 가슴 깊이 새기되 그 아름다움에 젖어 있어서는 안 됩니다.

나는 내 이해력이 부족하다는 사실을 겸허하게 인정하고 싶습니다. 아이들의 마음속에도, 내 마음속에도 미지의 부분이 있습니다. 그 미지의 부분에 경외감을 갖고 서로 이해하려고 노력해야겠습니다. 그리고 그 수단으로 '글쓰기'를 좀 더 많이 활용해보고 싶습니다.

다른 사람의 고통을 나의 것으로 바꾸어 내가 알기 쉬운 세계에 비유하고 그 세계의 언어로 이해하고 싶기 때문입니다. 순수하게 사람을 사랑하는 일도 여기서부터 시작된다고 생각합니다. 내가 태양의아이 유치원에 찾아온 것은 사랑하고 사랑받는 사람이 되고 싶어서였습니다. 그러나 나는 지금 나 자신을 사랑하는 일조차 소홀히 하고 있습니다. 나를 사랑하려면 우선 나 자신의 생활을 사랑해야 한다고 생각합니다.

내 몸을 지키는 일, 식사, 공부를 비롯한 모든 생활에 긴장감을 갖고 싶습니다. 유치원 생활과 개인 생활은 동떨어진 것이 아닙니다. 둘 다 나의 생활입니다. 태양의아이 유치원이 나의 놀이터가 되기 위해서는 내가 내 생활을 사랑하고 창조할 수 있도록 노력해야 합니다. 앞으로 나의 목표는 놀이하는 인간으로서 나 자신을 꽃피우는 일입니다."

시라이시 선생님의 글을 이렇게 길게 인용한 이유는, 여기에 나타난 고민이 곧 태양의아이 유치원의 선생님들, 특히 젊은 선생님들의 공통적인 고민이 아닐까 생각하기 때문이다.

내가 처음에 젊은이들에게 했던 말을 생각나는 대로 적어보겠다.

— 우리 유치원에는 무엇이든 할 수 있는 자유와 아무것도 하지 않아도 좋은 자유, 두 가지가 있다.
— 아무도 가르쳐주지 않을 테니까 스스로 배우도록.
— 흉내가 아니라 각자 자신의 것을 창조할 것.
— 하야시 다케지 선생님(전 미야기 교육대학 학장)의 말에 따르면, 배움의 유일한 증거는 변화이다.

― 어떤 작가가 말하기를, 사소한 것을 가르치면 사람의 도량이 좁아진다고 한다.

지금 생각하면 너무 거창한 말 같다. 한 마디 한 마디에 너무 무거운 의미가 담겨 있다. 젊은 사람이 혼란스러워하는 것도 무리가 아니며 태양의아이 유치원 선생님들의 고뇌가 거기서부터 시작된 것도 당연한 일이리라.

시라이시 선생님의 글은 물론이고 다른 선생님들의 글을 읽고도 나는 감명을 받았다.

나는 과연 이 선생님들 나이에 이런 글을 쓸 수 있었던가?

대답은 '아니다'이다.

예민한 감수성도, 인간에 대한 깊은 통찰도, 혹독한 자기반성도 나의 젊은 시절과 비교해보면 하늘과 땅 차이다.

하다못해 성실함 하나만 보더라도 나는 그저 부끄러울 따름이다.

한 예로 처음 맡은 아이의 상태를 이야기하며 자신의 심정을 털어놓은 글을 보자.

"울고 있는 아이의 얼굴을 보고 있자니 말로 표현할 수 없는 복잡한 기분에 가슴이 먹먹했습니다. 그러나 무심결에 '곧 익숙해질 테니까 괜찮아'라는 말이 튀어나와 스스로도 깜짝 놀랐습니다. 익숙해진다는 생각은 어른의 일방적인 생각입니다. 익숙해지는 것이 아니라 아이들 스스로가 '태양의아이 유치원에 가면 즐거워'라고 생각하도록 해야 한다고 반성했습니다."

-고사카 나미

젊은 교사 시절의 나는 눈곱만큼도 가져보지 못한 마음가짐이다.

"……아이들을 가르치는 선생님으로서 내가 무얼 할 수 있을까 초조해하며 아이들과 떨어진 나만의 시간을 제대로 갖지 못해 불만스러워하던 나는 어느새 아이들과 함께 배우려는 자세를 잊어버린 나쁜 선생님이 되어 있었습니다. 아이들과 같은 위치에서 대등하게 살아가려 하지 않는 나쁜 어른이 되어 있었습니다. 선생님, 죄송합니다. 유치원 선생님이 되면 '아이들의 상냥함을 접하면서 함께 배우고 성장하자. 그렇게 살고 싶다'고 줄곧 생각하다가 겨우 유치원 선생님이 되었건만, 나는 지금 전혀 상냥하지 않습니다. 최선을 다해 살고 있지도 않습니다."

-시오야 미쓰요

교사 시절의 나는 이런 식으로 자신을 돌아본 적이 없다. 나 자신이 너무 나약하고 게으르다는 생각에 절망한 적은 있지만, 그것을 아이들의 '삶'과 연결 지어본 적은 한 번도 없었다. 내가 교만했기 때문이리라.

시오야 선생님은 자기가 아이들과 함께 배우고 성장하려 하지 않는다고 했지만, 그런 생각 자체가 이미 아이들한테 배우기 시작했다는 증거이다.

다음 선생님의 글을 보면 그 증거가 특히 잘 드러난다.

"엄마를 찾으며 그렇게 울어대고 온몸으로 반감을 나타내던 아이들이 이제는 아주 의젓해져서 나보다 훨씬 앞서 걸어가고 있습니다. 한층 더 발돋움하고 있습니다. 거기에 견주어 나는 아이들의 성장에 놀라 어떻게 하면 나도 저렇게 성장하고 변화할 수 있을까 생각하고 있을 뿐입니다."

—다마가와 유키코

나는 젊음에 특별히 큰 가치를 두지는 않지만, 젊은 시절에 자신이 나약하거나 추하다고 절망하는 것은 자기 성장에 큰 힘이 된다고 믿는다.

나는 젊은이들의 고뇌를 그런 관점에서 받아들이고 싶다.

"지금까지 다른 유치원에서 경험을 쌓았으므로 이 유치원에서는 이제까지의 교육방식이나 자신감을 깨끗이 버리고 새롭게 시작해야 한다고 생각하고 있었습니다. 틀에 박힌 교육과 진부한 교육이 몸에 배어버렸다는 생각에 지난 반 년 동안 거기에서 벗어나려고 많은 시간을 쏟았지만 여전히 벗어나지 못한 느낌입니다."
―세코 도요코

선생님 자신은 별 뜻 없이 한 말일지 모르지만 이것 역시 대단한 결의이다.

몸에 밴 습관을 고치는 것은 말처럼 쉽지 않다.

한마디 덧붙이자면, 선생님들은 지금 '뉘우치고' 있는 것이 아니다. 문장의 일부만 인용하여 그런 오해를 살 수도 있겠지만, 선생님들은 고뇌에서 출발하려고 할 뿐이다. 그것은 다음 장에서 다루겠다.

고뇌 저편의 세계는 아무도 볼 수 없다 2

어린이와 함께하는 사람이라면 어린이와 견주어 자기 자신이 너무 미숙하다는 생각을 항상 마음에 담고 고민해야 한다.

이런 고민이 있어야만 아이들을 성실하게 대할 수 있다고 나는 생각한다.

말로만 끝내지 않고 이를 악물고 그 고민과 씨름해야 한다.

"오늘은 산책을 갔습니다. 주홍반 아이들 열세 명과 선생님 세 명이 유치원을 나섰습니다. 내일이 음악회이지만 특별히 준비 같은 것은 하지 않고 그냥 낙엽을 주우러 가기로 했죠. 문을 막 나섰을 즈음에 한 선생님이 '하나 둘, 하나 둘' 하고 구령을 붙이자, 아이들도 구령을 붙이며 천천히 뛰기 시작했습니다. 얼마 뒤, 앞에서 뛰어가던 나는 무심코 뒤돌아보았습니다. 놀랍게도 걷고 있는 아이가 하나도 없었습니다. 겨우 한 살에서 세 살 사이의 어린아이들이 질서정연하게 움직이고 있었습니다.

우리는 구령을 붙인 것뿐인데 주홍반 아이들은 반듯하게 줄을 지어 행진한 것입니다. 아이들의 줄은 얼마 뒤 흐트러졌지만, 나는 그 모습에 충격을 받았습니다.

'아이들은 성장하고 있구나. 자라고 있구나.'라는 믿음과 동시에 나 자신에게 화가 났습니다. 아이들은 하루가 다르게 변하고 있는데 나는 아직 아무것도 못하고 있기 때문입니다."

-시마타 기요코

"하양반 대부분은 한창 걸음마를 배우고 있는 아이들입니다. 내가 오토바이 면허증을 갓 땄을 무렵에 느꼈던 것처럼 '걷고 싶어서 온몸이 근질근질한데.' '돌아다니고 싶어서 좀이 쑤셔.' '걷는 건 참 편리하구나.' 하고 생각하고 있겠죠? 혼자 걷기 무서워서 항상 선생님의 손을 꼭 잡고 있다가 선생님이 손을 놓으려고 하면 우뚝 멈춰 서서 '와앙!' 하고 우는 아이, 연방 엉덩방아를 콩콩 찧으면서도 혼자 걷는 아이, 툭하면 쪼그리고 앉아 돌멩이나 공을 쥐려는 아이, 그런 아이들을 보고 있으면 걸음마를 배운다는 것은 어쩌면 인생에서 가장 큰 사건이 아닐까 생각합니다."

-우노 아케미

  어린이들의 성장하는 모습에 놀라는 한편, 그것이 자신의 손길이 미치지 않는 곳에서 이루어지고 있다는 것에 초조해하는 선생님들의 기분은 충분히 이해할 수 있다.
  나처럼 닳고 닳은 사람의 눈에는 그런 선생님들도 아이들 못지않게 기특하고 사랑스럽다. '다들, 쉬엄쉬엄 하세요.'라고 말해주고 싶어진다.
  아이들에게서 뭔가를 발견하고 거기에 놀라거나 감동했다는 것은 벌써 아이들과 함께 성장하기 시작했다는 것을 의미한다. 그렇기에 선생님들의 이런 생각은 귀중하다. 아이들에게 배운다는 것은 관념이 아니라 감동에서 시작해서 의지를 갖고 행동하는 것이다.

"여섯 달이라는 짧은 기간 동안, 나는 갖가지 현실적인 사건을 작은 어깨에 짊어지고 힘껏 살아가는 아이들과 함께 지내왔습니다. 네 살배기와 두 살배기 자매는 부모의 이혼이라는 사건에서 받은 고통을 이겨내기 위해 나름대로 필사적으로 몸부림치고 있었습니다.

이불 속에서 언니가 동생한테 '이제 아빠는 잊어버리자.'고 말하는 것을 아이들 어머니가 들었다고 합니다. 언니는 초여름부터 아침마다 우는 버릇이 생겼습니다. 부모님의 사이가 좋지 않다는 것을 느끼고 하소연을 한 것인데, 나는 꿈에도 깨닫지 못했습니다. '이제 곧 다섯 살인데. 언니가 돼가지고. 자, 그만 울어요.' 하고 말한 적도 있습니다. 나로서는 당연히 아이들 가정의 자세한 사정을 알지 못하고 알 권리도 없습니다.

하지만 왜 그 아이의 하소연을, 슬픔을 제대로 받아들이지 못했을까요. 지금 생각하면 너무 괴롭고 후회스러워서……."

-와타나베 쇼

"내가 노랑반에 있을 때의 일입니다. 5월의 어느 토요일이었습니다. '같이 가.' 하는 소리가 들려서 뒤돌아보았더니, 동생을 데리러 온 초등학생 누나가 서 있었습니다. 돌아가는 길에 그 아이는 이런저런 이야기를 했고, 나는 그저 '응, 응.' 하고 듣기만 했습니다.

이야기를 듣다보니 그 아이는 바로 몇 달 전에 이 동네로 이사 온 아이였습니다. 왜 이사를 왔냐고 묻지도 않았는데, 그 아이는 '내가 성냥 갖고 놀다가 집에 불을 냈기 때문이야.' 하고 불쑥 말을 꺼냈습니다. '엄마도 아빠도 울었어. 나도 막 울었고.'라고 말하는 그 아이의 눈은

살짝 젖어 있었습니다. 하지만 그 아이는 놀라울 만큼 차분하게 한 마디 한 마디 이어나갔습니다. (중략) 이 아이는 사실을 솔직하게 받아들이고 진지하게 고민하고 있는 거라고 생각하자, 나는 가슴이 아팠습니다."

―이케다 유이치

"가르치고 이끄는 것보다 먼저 해야 할 것은 지금 눈앞에 있는 아이가 슬픔을 느끼면 그 슬픔을, 고통을 느끼면 그 고통을 함께 짊어져주는 것이다. 가르치고 이끄는 것은 그다음이어도 상관없다."고 나는 거듭 선생님들에게 말해왔다.

몸에 밴 듯 자연스레 그 말을 실천하고 있는 선생님들에게 나는 감사할 따름이다.

인간은 슬픔이나 고통을 함께 짊어져주는 사람이 곁에 있을 때 자신을 사랑스러운 존재라고 느끼고 서로를 믿게 된다. '이 사람은 내 마음을 알아주는구나.'라는 생각이 아이들에게 얼마나 큰 힘이 될까? 아마도 삶이 온통 기쁨으로 변할 것이다.

그런 기쁨을 느끼면 아이들은 한없이 상냥해진다.

"몸이 아파서 주저앉고 싶었지만 아이들 앞에서는 여느 때와 다름

없이 행동했다고 생각했습니다. 그런데 저녁나절에 두 살배기 Y가 급식실로 나를 찾아와 내 얼굴을 물끄러미 바라보며 웃었습니다. 'Y야, 무슨 일이니?' 하고 물었더니, '덴타쿠 선생님, 울면 안 돼요.' 하고 말하는 것이었습니다. 그 말에 하도 놀라서 아무 말도 못하고 있었는데, Y는 빙그레 웃고는 뛰어가버렸습니다."

―덴타쿠 게이코

태양의아이 유치원 선생님들은 이제 실천을 위한 첫발을 내딛었을 뿐이지만, 아이들의 격려 덕분에 자신의 머리와 손발로 시행착오를 저질러보자는 용기와 행동력을 조금씩 몸에 익히고 있는 것 같다.

"내가 '가진 것'이 없는 것은 어쩔 수 없는 일이니 그 때문에 초조해 하지는 말자고 생각하기 시작했습니다. 내가 할 수 있는 범위 안에서 뭔가 재미있는 일을 하면 된다고, 아무튼 가만히 있지 말고 움직이자고 말이에요. 그런 깨달음이 드러난 것이 〈알에서 태어난 닭〉 그림이었습니다.

츠보야 선생님과 그림 이야기를 하다가 자극받아 실천의 첫발을 내딛었습니다. 나는 지금까지 '이런 그림을 그려볼까?' 하고 형태에만 얽매여 생각했지만 이제는 아이들의 느낌이 한껏 부풀어 올라 그림으로 표현되면 좋겠다고 생각합니다."

-구다 아케미

"이렇게 되면 스스로 만들어내는 수밖에 없다! 코다이의 이념을 슬쩍슬쩍 곁눈질하면서 간단한 멜로디와 단순한 리듬놀이를 직접 생각해냈습니다. 처음부터 잘될 리는 없었지만 나름대로 최선을 다했습니다. 내가 직접 생각한 최초의 놀이는 겨우 10분짜리 짧은 놀이였는데도, 절반쯤 되는 아이들이 도통 흥미를 느끼지 못하고 중간에 나가버리는 바람에 분위기가 깨져서 식은땀을 흘렸습니다.

하지만 나머지 아이들이 한순간이나마 흥미를 가져주었다는 것에 그나마 위안을 받았습니다. 아직은 부족한 점이 많지만 경험을 쌓아가다보면 조금씩이나마 좋은 발견을 할 수 있을 거라는 희망을 가져봅니다. (중략) 그림이나 음악에는 자신의 마음이 고스란히 묻어나게 마련입니다. 거기서부터 참된 변화를 일으킬 수 있었으면 하는 것이 요즘의 내 마음입니다."

-니시가키 이쿠요

고뇌 저편의 세계는 아무도 볼 수 없지만 보려고 다가갈 수는 있다. 나는 그것이 삶이라고 생각한다.

"내가 한 걸음 내딛을 때마다 지구가 움직이듯이, 아무리 사소한 것이라도 우리 유치원에서 차근차근 하나씩 실천한다면 내가 변화할 수 있으리라 믿으며."

—와타나베 게이코

나는 이런 생각을 할 수 있는 선생님이 태양의아이 유치원에 있다는 사실이 자랑스럽다.

"시골 출신이라 그런지 내 몸은 흙 냄새, 풀 냄새, 바람 냄새를 아주 좋아합니다. 덕분에 가끔 일하러 갈 수 있는 밭은 내게 '살아 있음'을 절절히 느낄 수 있는 곳이자 큰 기쁨을 느낄 수 있는 곳입니다."

—마쓰나가 아케미

밭에서 땀 흘리는 일을 기쁨으로 여기는 선생님이 있는 유치원은 그리 흔치 않을 것이다. 이 또한 나의 자랑거리다.

"0세아들과 함께 다양한 형태로 음악을 즐기고 음의 세계에서 놀며 탐색해보고 싶습니다. 요즘은 다양한 상황에서 일어나는 아이들의 움직임에 맞추어 동요를 부르거나 녹음기를 이용하여 동요, 클래식, 비

틀즈 노래 등을 들려주고 있는데, 몸으로 리듬을 타는 아이도 있습니다. 기요코가 슬픈 음악을 듣고 눈물을 흘리는 것을 보면, 아이들은 마음 저 깊은 곳에 음악을 느끼는 뭔가를 가지고 있는 것 같습니다."

-후쿠다 유키코

기요코(앞부분에서 K코라는 가명으로 등장했다)는 중증 장애아이다. 이 아이의 예민한 감수성을 놓치지 않은 선생님이 나는 더없이 믿음직스럽다.

태양의아이 유치원은 이제 막 걸음마를 시작했지만 고뇌 저편에 어렴풋이 희망이 보인다. 그런 생각이 나를 평화로운 기분에 젖게 한다.

고뇌 저편의 세계는 아무도 볼 수 없다 3

이 이야기를 하면 와타나베 게이코 선생님은 굉장히 싫어하겠지만, 이 선생님은 내 제자이다. 와타나베 게이코 선생님이 초등학교 2학년이었을 때 내가 담임을 맡았다. 당시 게이코는 아주 똑똑한 아이로 이런 시를 썼었다.

기린 목은
쭈우욱 길다
입은 움바아움바아
항상 움직인다

걸을 때는

포착포착

걷는다

　　　　　　　《선생님, 내 부하 해》에 수록)

게이코와 같은 반이었던 제자 가운데 한 사람이 몇십 년 만에 보낸 편지에 다음과 같은 글이 쓰여 있었다.

"벌써 20여 년이 흘렀지만, 저는 지금도 선생님과 함께 지내던 시절의 일을 똑똑히 기억하고 있습니다. 저는 눈에 띄지 않는 학생이었는데도 제 머리를 쓰다듬어주시거나 스마 선생님 댁까지 데려가주셔서 정말 고마웠습니다. 반 아이들이 다 같이 머리에 이가 있는 여자아이를 놀리자, 선생님께서는 그 아이 머리에 선생님 머리를 대고 울면서 우리를 꾸짖으셨습니다. 지금 생각해도 눈물이 납니다……."

게이코의 시나 이 편지를 읽으면 내가 아주 훌륭한 교사였던 것 같지만, 아이들의 머리를 쓰다듬어준 반면에 회초리를 들기도 했으니까 공로와 허물이 반반인 평범한 선생님이라고 보면 된다.

내가 이런 이야기를 꺼내는 이유는 아이들을 믿는다는 것에 대해

이야기하고 싶어서이다.

아이들에게 배우기 위해서는 아이들을 믿는 마음이 반드시 바탕에 깔려 있어야 한다. 그리고 아이들을 믿는 마음은 아이들과 함께 나아가는 가운데 생겨나므로 아이들과 함께 행동하고 함께 만들어내야 한다.

일단은 아이들을 믿어보자는 느슨한 생각으로는 안 된다.

아이들과 함께 나아가다보면 수없이 좌절감을 맛볼 것이고 무력감에 시달릴 것이다. 그럼에도 함께 나아가야 한다. 거기에 따르는 고통을 이겨내지 못하는 사람은 말로만 아이들을 변화시키려 하거나 아이들에게 명령하려고 든다.

내가 아이들을 믿을 수 있었던 것은 아이들의 표현을 소중히 여기고 거기에서 배우려고 했기 때문이다.

여러분 모두가 이 사실을 깊이 생각해보기 바라는 마음에서, 태양의아이 유치원의 선생님이 쓴 글을 소개하며 이 장을 마치겠다.

지난 반 년 동안의 일, 앞으로의 일

하이타니 마사유키

아이들과 함께 지낸 지 아직 반년밖에 되지 않았습니다. 그러나 그

반년 사이에 나는 대학에서 4년 동안 배운 것보다 훨씬 많고 깊은 지식을 얻을 수 있었습니다. 더구나 그 지식은 내 눈앞에서 살아 움직이는 아이들로부터 직접 얻은 것입니다. 특히 도루와의 만남은 내가 아이들과 함께하는 데에 큰 전환점을 마련해주었다고 생각합니다.

나는 대학에서 장애아 교육을 공부했지만, 실제로 장애아와 함께 생활한 것은 양호학교 실습 기간이었던 4주를 제외하면 태양의아이 유치원이 처음이라고 할 수 있습니다. 하물며 장애를 가진 아이와 그렇지 않은 아이가 함께 지내는 상황은 그야말로 처음 겪는 일이었죠. 따라서 아무것도 모르고 뭘 어떻게 해야 좋을지도 모르는 상태에서 시작해야 했습니다. 다만 장애를 가진 아이들과 그렇지 않은 아이들이 같이 있는 게 바람직하다는 생각은 어렴풋이 하고 있었습니다.

반년이 지난 지금, 그 생각에 뭔가 진전이 있었냐고 묻는다면 아직도 어렴풋하다고밖에 대답할 수 없습니다. 비록 그 문제의 직접적인 해답은 얻지 못했지만, 그래도 도루 같은 아이들과 함께 지내면서 나 자신이 조금씩 변하고 있다고는 생각합니다. 도루를 봄으로서 다른 아이들이 보이기 시작했으니까요. 보인다고 표현하면 조금 주제넘지만, 도루와 함께 지내는 가운데 보통 아이들을 바라보는 내 태도가 얼마나 무심하고 부주의한지 절실하게 느낀 것입니다.

좀 더 구체적으로 말하겠습니다. 나는 도루가 빨강반에 들어오기로 결정되었을 때 굉장히 긴장했습니다. '보통 아이들' 속에 장애아가 들어온다는 점과 더불어 내가 조금이나마 장애아 교육을 공부했다는 점 때문에 부담을 느꼈는지도 모르겠습니다.

'장애를 가진 아이가 들어온다.'는 말로 상징되듯이, 뭔가 별종을 떠맡는 듯한 기분이 전혀 없었던 것도 아닙니다. 그때 나는 과연 도루가 우리 반에 들어오는 것이 어떤 의미를 지니는지 이해하고 있었을까요? 어쩌면 내 머릿속에는 '장애아 도루 / 그 밖의 아이들'이라는 개념이 뿌리 깊게 박혀 있었는지도 모르겠습니다. 도루에게는 온 정성을 쏟는 반면 나머지 아이들은 '보통 아이들'이라는 이름으로 뭉뚱그려 바라보고 있지 않았을까요? 지금 생각해보면 고개를 들 수 없을 만큼 부끄럽기만 합니다.

그런 나에게 도루가 우리와 함께 생활하고 움직이는 의미를 깨우쳐 준 것은 아이들이었습니다. 아이들은 도루가 '장애아'라는 것을 알지도 못하고 알려고 하지도 않았습니다. '좀 별난 녀석이야.'라는 생각은 했겠지만 그것이 도루의 개성이라고 여기고 거기에 강한 매력을 느끼면서 너무나 자연스레 받아들였습니다.

나는 아이들을 '장애아 도루 / 그 밖의 아이들'로 가르고, '도루의 행동은 이런 점이 흥미롭다.'거나 '도루는 왜 저런 행동을 할까?' 생각하며 오로지 도루의 움직임에만 관심('도루는 장애아'라는 특별한 시각)을 쏟고 있었습니다. 그러다 어느 순간 다른 아이들에게 시선을 돌렸을 때 '저 애도, 또 저 애도 도루하고 똑같잖아? 도루가 특별한 게 아니었어.'라는 깨달음을 얻은 것입니다.

예를 들어, 내 눈에 비치는 K는 좀처럼 웃지도 않고 말도 하지 않는 무기력한 아이입니다. 하지만 K는 그림을 그릴 때면 우리가 깜짝 놀랄 만한 집중력을 발휘해 멋진 작품을 남깁니다.

M은 항상 생글생글 웃고 있습니다. 그러다 갑자기 난폭해지기도 하고 야단을 쳐도 마냥 생글거리기도 합니다.

이 아이도, 저 아이도……. 내 주변에는 다양한 아이들이 있고, 그 아이들은 저마다 어떤 형태로든 자기 생각을 표현하고 있다는 사실을 깨달았습니다. 그와 동시에 내가 잘못된 방법으로 도루를 대하고 있었다는 사실도 깨달았습니다. 당연하다면 이보다 당연한 일도 없겠지만, 만약 도루를 만나지 못했다면 나는 그 당연한 사실을 깨닫지 못했을지 모릅니다. 반대로 '저 아이는 장애아니까'라는 생각 없이 도루와 자연스레 어울리며 '이 아이도 우리와 똑같은 친구'라는 태도를, 어려운 이론이 아니라 나날의 생활 속에서 무언중에 보여주는 아이들이 없었다면 나는 어떻게 되었을까요? 그랬다면 나는 아마 도루를 그저 '보통 아이들' 틈에 끼어 있는 '장애아'로 여기고, 도루가 다른 아이들과 함께 지내는 의미가 무엇인지 곰곰이 생각해보지 않았을 것입니다.

나는 아이들 덕분에 많은 것을 깨달았습니다. 아이들과 어떻게 관계 맺어야 하는지를 다름 아닌 아이들한테서 배우고 있습니다. 그러나 나는 아직 내가 배운 것을 머릿속으로만 이해하고 있을 뿐, 아이들과 보내는 나날의 생활 속에서 구체적으로 실천하지 못하는 경우가 많습니다. 알면서 실천하지 않는, 실천하려고 하지 않는 태도보다 나쁜 것은 없다고 생각합니다. 이래서는 진정으로 아이들한테 배웠다고 할 수 없겠지요.

전보다 더 중요한 과제를 떠맡았다는 기분도 들지만, 나는 그 과제를 제대로 해결해서 아이들한테 돌려주어야 합니다. 그것이 앞으로 내가 할 일입니다.

나, 유치원이 좋아

선생님들은 자신이 아무 힘이 없다고 한탄하거나 무력감에 빠져 있는 것처럼 보인다.

자신을 미숙한 인간으로 여기는 것은 성실한 자세이므로 딱히 문제 될 것은 없다.

나는 태양의아이 유치원 선생님들이 조금씩 조금씩 자신들이 할 일을 실천하고 있다고 생각한다.

무엇보다 기쁜 것은 선생님들이 아이들의 표현을 소중히 여기고 거기서부터 배우려는 세계로 한 걸음 한 걸음 내딛고 있다는 점이다.

선생님들은 저마다 말 연구 모임, 음악 연구 모임, 조형 연구 모임으로 나뉘어 꾸준히 공부를 하고 있다.

그 가운데 말 연구 모임이 하는 일을 소개하겠다.

아이들의 말을 채집하는 것은 반드시 필요한 일이다.

하지만 나를 비롯하여 원장인 도조, 가시마, 기시모토, 츠보야 같은 동인은 선생님들에게 한 번도 그 말을 꺼낸 적이 없을 뿐 아니라, 가르쳐주거나 조언한 적도 없다. 선생님들로서는 그것도 불만 가운데 하나였으리라.

우리는 저마다 어린이 말에 관한 책을 펴냈다. 선생님들은 그 책을 읽었고, 개중에는 이 유치원에 오면 그 부분을 지도받을 수 있으리라 기대한 사람도 있을 것이다.

하지만 우리는 아무 말도 하지 않았다.

'아무도 가르쳐주지 않을 테니까 스스로 배우도록'을 끝까지 밀고 나갔다.

이 글을 쓰면서 오랜만에 내 책을 펼쳐 보았다.

엄마

커다란 엉덩이가

재미있는

커다란 방귀를

뀌었습니다

– 6세, 구리야마 도모코

선생님

하이타니 선생님

신붓감 찾았어요?

게이코가 커서

어른이 될 때까지 기다려 주면

게이코가 선생님의

신부가 되어 줄게요

선생님, 기다리기 힘들겠죠?

– 7세, 시오타 게이코

가시마가 펴낸 책에서 내가 좋아하는 시 세 편을 뽑아보았다.

달팽이

달팽이가

비한테로

올라갔습니다

                – 7세, 야마토 나오미

아버지

아버지는

쌀가게 하면서

아침에 빵을 먹는다

                – 7세, 오타니 마사히로

달님

달님은

저렇게 작은데

온 세상에 보인다

                – 7세, 요시무라 세이테쓰

                (《1학년 1반 선생님 있잖아요》에서)

다음은 도조가 나다 유치원에 있을 때 모은 작품이다.

    선생님 빨리 와 봐

    하늘의 구름이

    찢어지려고 해

                        - 5세, 다가야마 미유키

나는 내 유년동화 《잇짱은 이야기하고 싶어요》에서 이 시를 빌렸다.

    눈ㆍ을 보고 있으니까

    손 안에

    조그만

    조그만

    유리 해님이 빛나

    흰 구름은 눈 되고

    검은 구름은 비 되고

    파란 구름은 맑은 날씨 된다

                        - 5세, 기자키 다쿠이치로

엄마 손

매끈매끈 예쁘다

매니큐어도 예쁘다

분홍빛이 예쁘다

엄마가 가게에 나갈 때는

예뻐서 살짝 만져 본다

살짝 웃는다

- 5세, 시다 히토미

《기린》 가을호에서

나도, 도조도, 가시마도 누군가의 도움을 받아서 아이들 말을 배운 것은 아니다.

굳이 우리의 스승을 꼽으라면 《기린》(동시잡지)과 코르네이 추콥스키1882~1969. 러시아의 작가. 러시아 아동문학의 기초를 다지는 데 큰 공헌을 했다일 것이다.

내 혀

내 혀

'움직여'

하고 말했을 때는
움직인 뒤다
내 혀를 나보다 먼저
움직이게 하는 건
뭘까?

― 5세, 시마다 노조무

재미있네

엄마
엄마는 여자인데
나는 남자인데
엄마가 날 낳았어?
재미있네

― 4세, 노구치 아키오

(《기린의 책》에서)

-소젖에 당근이 자라고 있어.
-저 솔방울, 나무 위에 올라갔네.

-엄마, 망아지는 참 불쌍해. 코딱지를 팔 수가 없잖아.

-아기 손가락은 전부 새끼손가락뿐이야.

-맨 처음 사람은 어떻게 생겨났을까. 아무도 낳지 않았는데.

(코르네이 추콥스키, 《두 살에서 다섯 살까지》에서)

다음은 태양의아이 유치원생들의 '작품'인데……

이 사람

나 기억하고 있었어

나

그거 손 꼭 잡을 거야

- 5세, 가사이 히로시

위 시는 내가 제일 좋아하는 작품이다. 태양의아이 유치원 원가園歌로 삼고 싶을 정도다.

새야

왜 퍼덕거리니?

새장에 왜 들어가?

히로코는

날아다니는 새가 좋아

— 5세, 오노 히로코

나는

아빠가 낳았다

형은

엄마가 낳았다

— 4세, 기무라 요스케

아빠 이름은 다니가쓰 마사히데

엄마 이름은 다니가쓰 후미코

고지의 이름은 다니가쓰 동생

— 4세, 다니가쓰 미와

   어느 나라, 어느 시대나 아이들은 하나같이 훌륭한 시인이다. 우리는 늘 아이들의 말에 깜짝 놀란다.
   선생님들이 엮은 문집을 읽다보면, 선생님들은 무엇보다도 아이들의 말에 감동하면서부터 발전의 첫발을 내딛는 것 같다.

달님이 낳았어?

- 2세, 야마다 유미

(곶감을 보고)

앗,

전철이 결혼한다

- 3세, 니시무라 다카시

(전철과 전철이 스쳐 지나가는 것을 보고)

바람이 들어갔다가

못 나오고 있어

- 5세, 호리 마사미

(조개껍데기를 귀에 대고)

아이들과 선생님의 끝없는 이야기가 이어진다. 그 이야기야말로 말의 보물창고라는 사실을 선생님들은 깨닫는다.

선생님: 봐, 히로코. 수박 싹에 물을 듬뿍 줘야 해. 수박 싹이 물 마시고 싶대.

히로코: 으응. 그런데 수박 싹, 입은 어디 있어?

치하루: 이 개, 아기같이 생겼어.
선생님: 맞아, 아기야.
미와: 어? 그런데 왜 수염이 있어?

요스케: 곰 어디 있어? (곰은 남선생님 하이타니 마사유키를 말한다.)
선생님: 지금쯤 혼자 여행 중일걸?
요스케: 혼자 여행 중은 어디 있어?

히로유키: 나, 유치원이 좋아.
선생님: 왜?
히로유키: 어른 같아지니까.
선생님: 어른?
히로유키: 아키라나 이케다나 도조나 마키코 이름을 막 불러도 되니까. (아이들은 선생님들의 이름을 자유롭게 부른다.)

"나, 유치원이 좋아." 하고 아이들은 말한다. 태양의아이 유치원의 선생님들, 아이들에게 이런 말을 듣게 된 것이 바로 여러분이 거둔 가장 큰 결실입니다.

피아노는 방해가 될지도 모른다

아이들의 표현을 연구하는 모임은 말 연구 모임 외에도 소리 연구 모임과 조형 연구 모임이 있다.

대부분의 선생님들은 이 중 두 개 이상의 모임에 속해 있다.

나는 지금 〈어린이(인간)와 음악(소리)의 관계를 생각한다〉라는 제목의 보고서를 앞에 놓고 이 글을 쓰고 있는데, 그 보고서에는 '하나의 문제 제기'라는 항목이 있고 글 밑에 다음과 같이 적혀 있다.

— 어떤 음악이 아이들의 자양분이 되는가?
— 아이들을 살찌울 수 있는 노래는?

내게는 선생님들의 이런 딱딱한 말투가 오히려 사랑스럽게 느껴진다.

선생님들은 이 과제를 두고 다음과 같이 말한다.

후쿠다: 나는 음악을 잘한다 못한다로 평가하기보다 즐거운 것으로 받아들이고 싶다. 희로애락을 표현하고 싶다. 음악은 가르치거나 배우는 것이 아니라 놀이로 즐기는 것이다.

니시가키: 나는 노래를 좋아했고 지금도 좋아한다. 그 즐거움을 함께 느끼고 싶다. 소리는 다양하다. 그 다양한 체험을 아이들과 함께 나누고 싶다.

덴타쿠: 악기, 좁은 의미에서가 아니라 소리가 나는 모든 것이라는 의미에서 악기를 자신이 직접 소리 내봄으로서 즐거움을 맛보게 하고 싶다. 아이들이 지니고 있는 자연스러운 몸의 리듬, 예를 들어 산책을 하면서 흥얼거리는 리듬은 얼마나 훌륭한가.

구다: 일상에 녹아 있는 노래. 저절로 흥얼거려지는 노래. 그런 소리가 한데 모였을 때의 기쁨을 느끼며 노래하고 싶다.

와타나베(게이코): 어른도 아이들도 능동적인 자세를 가지고 음악을 소재로 무엇을 할 수 있는지, 어떤 재미있는 일을 할 수 있는지 항상 생각하고 창조적으로 참여했으면 좋겠다.

그리고 '언제, 어디서, 어떻게'라는 과제를 두고는 다음과 같이 생각하고 있었다.

'자, 음악 시간이에요.' 같은 말은 우스꽝스럽다. 노래는 아이들 생활(놀이)의 일부이기 때문에 '아, 지금은 이 노래가 딱이야!' 하고 느낄 때가 중요하다. 따라서 교사는 아는 노래가 아주 많아야 한다.

틀에 박힌 놀이는 놀이가 아니다. '이 노래는 이렇게 부르면 재미있다.'라는 패턴 흉내 내기만으로는 의미가 없다. 우리 스스로 창조력이 풍부해야 하며 아이들과 함께 변화해가야 한다.

피아노가 없으면 안 된다거나 거꾸로 피아노는 방해가 될지도 모른다는 편협한 생각을 버리고 산책길에서, 마당에서, 야외에서, 언제 어디서나 노래하고 싶다.

선생님들은 또 자신이 실천한 내용을 서로 나눈다.

음악이 있어 움직임이 생긴다. 움직임이 있어 음악이 즐거워진다. 즐거워지면 움직임이 더욱 더 커진다.

이런 관점에서 다니가와 슌타로 씨의 〈말놀이〉에 곡을 붙인다. (악보 1)

'즐거운 체험 속에서 생겨나는 노래를 발견하자.'는 관점에서 동물원으로 소풍 갔을 때의 체험, 하마 입이 굉장히 크구나 느꼈을 때의 체험이 노래로 변한다. (악보 2)

아이들이 처음으로 짚신을 신고 걸어보았을 때의 느낌도 노래가 된다. (악보 3)

악보 1

악보 2

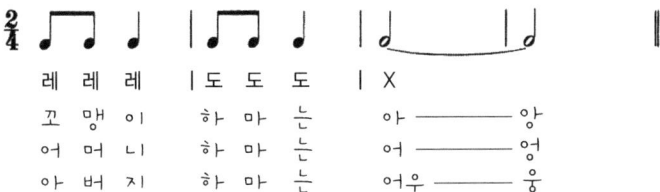

악보 3

태양의아이 유치원 선생님들 가운데는 음악에 조예가 깊은 사람이 많다.

설립동인인 기시모토는 전문 밴드 출신이고, 와타나베 쇼 선생님과 와타나베 게이코 선생님은 시민 오케스트라 단원이었다.

니시가키 선생님은 일요일마다 교회에서 악기를 연주했다.

이처럼 프로급(?) 솜씨를 가진 선생님들이 자신의 기술에 의지하기보다 어린이들과 함께 생활하는 가운데 넓은 의미에서의 음악을 만들어내려는 자세는 옳다고 생각한다.

3월 4일, 태양의아이 유치원의 조형작품 전시회가 열렸다.

그날은 마침 학부모회의가 열리는 날이어서 부모님들도 전시장을 둘러보았다.

부모와 아이 심리치료 연구소의 이사장인 이토 도모노리 씨는 아이들의 그림을 보고 태양의아이 유치원 아이들에게 질투가 난다고 했다.

"나도 어릴 때 이렇게 자유롭고 느긋하게 그림을 그리고 싶었죠. 이 유치원 아이들의 그림은 아이들의 영혼 그 자체이며 그 영혼은 어디에도 얽매이지 않고 마음껏 하늘을 날고 있군요."

나도 같은 생각이다.

일 년이 채 지나지 않은 사이에 이렇게까지 솔직하고 대담하며 타오르듯 빛나는 표현에 이를 수 있으리라고는 생각하지 못했다.

그러나 여기서 한 가지 분명히 밝혀두고 싶은 것은, 선생님들의 지도법이 뛰어나서 이처럼 훌륭한 작품들이 탄생한 것은 아니라는 사실이다. 사실 선생님들은 지금까지도 조형을 어떻게 '지도'해야 할지 막막해하고 있다.

그런데도 아이들은 훌륭한 작품을 창조해낸다. 이유가 무엇일까?

지금까지 우리는 아이들의 가능성을 이끌어내는 일과 아이들의 자유 사이에 어떤 관련이 있는지 항상 생각했다. 그리고 그런 점이 교육에 영향을 미쳐 결과적으로 아이들이 살아 있는 표현을 해낼 수 있었던 것이 아닐까 생각한다.

아직은 시작에 지나지 않지만 진정한 자유와 평등 위에서 이루어지는 교육이 우리 태양의아이 유치원에서 탄생하려 하고 있다.

준비 땅!
어디까지 달려갈까?

3월 23일에 졸업식이 있었다. 태양의아이 유치원에서 처음으로 보금자리를 떠나는 아이들이 생겼다. 선생님들은 소박하면서도 훈훈한 분위기로 졸업식을 치르기 위해 밤늦도록 회의를 연 모양이었다.

졸업하는 아이는 모두 열네 명이었다.

다케다 데쓰야 씨가 부른 〈보내는 말〉의 멜로디가 흐르는 가운데 아이들이 약간 주뼛거리며 졸업식장으로 들어왔다.

졸업식장이라고 하지만 놀이방과 그 옆 교실을 하나로 틔운 공간일 뿐이다.

태양의아이 유치원의 모든 원아(물론 0세아도 함께했다. 나는 17년 동안 초등학교 교사 생활을 하면서 형식적이고 호들갑스러운 초등학교 행사에 질렸기 때문에, 규정이나 약속에 얽매이지 않는 어린아이들까지 참가한 그 행사가 얼마나 흐뭇했는지 모른다)와 모든 선생님, 그리고 졸업생의 부모님들이 보금자리를 떠나는 아이들을 맞았다.

선생님들이 졸업생을 일일이 소개했다.

"미와. 미와 주위는 항상 친구들로 넘쳐났습니다. 거북 반의 어린 여자아이, 돌고래 반의 단짝 친구. 이 아이들은 항상 미와를 친언니처럼 생각했습니다. 미와는 자기보다 어린 아이들한테 무척 상냥했고 선생님이 바쁘면 항상 도와주었습니다. 미와, 고마웠어요."

이런 식으로 아이들 하나하나의 개성과 장점을 모든 사람들 앞에서 발표했다. 아이들은 부끄러워하면서도 자랑스럽게 자기소개를 듣고 있었다.

졸업생 소개가 모두 끝난 뒤, 원장인 도조가 '지난 1년을 돌아보며'라는 제목으로 이야기를 했다.

물이 무섭다고 울던 아이가 수영장 끝에서 끝까지 헤엄칠 수 있게 된 이야기, 직접 기른 토마토를 밭에서 와구와구 따 먹던 이야기 등이었다.

아이들은 지나간 날들을 떠올리며 그 이야기를 듣고 있었다.

이윽고 사회자가 말했다.

"하이타니 겐지로 선생님이 색종이를 나눠주시겠습니다."

나는 마음을 담아 쓴 글이 적힌 색종이를 한 아이, 한 아이에게 나누어주었다.

'준비 땅, 어디까지 달려갈까?'

나는 아이들의 미래를 상상하며 그렇게 썼다.

다음은 동생들이 연필꽂이를 선물할 차례였다.

나는 처음에 그것이 뭔지 몰랐다. 통나무를 길이 20센티미터 정도로 잘라서 불에 한 번 그슬린 다음 잘 닦아서 윤을 낸 것이었다. 윗면에 연필을 꽂는 구멍이 열 개쯤 뚫려 있었는데 그 구멍이 잘 보이지 않아서 처음에는 오브제 작품인 줄 알았다.

졸업하는 언니 오빠들에게 주려고 아이들이 손수 정성들여 만들었다고 한다.

선물은 예쁜 리본에 묶여 있었다. 아장거리며 걷는 아이들이 꽃다발을 하나씩 나누어주었다.

그리고 다함께 노래를 불렀다.

졸업생인 가사이 히로시가 지은 말에 와타나베 게이코가 곡을 붙인 노래였다. (악보 참조)

여담이지만, 원장 도조는 빨리 원가(園歌)를 만들라고 나를 독촉한다. 그때마다 나는 건성으로 대답하는데, 우리 유치원 원가도 이 노래처럼 자연스럽게 만들어지기를 바라기 때문이다.

좋은 노래라고 생각한다.

졸업하는 돌고래 반 아이들이 남은 아이들에게 한마디씩 했다.

"선생님 말 잘 들어."

"너, 이번에 돌고래 반이 된다고 너무 뻐기지 마."

"할 말 없음."

아이들이 한 마디 한 마디 할 때마다 다들 큰 소리로 웃었다. 마지막으로 부모님들이 한마디씩 인사말을 하고 다카이시 도모야 씨의 노래 〈아버지의 자장가〉를 다함께 부르며 졸업식을 마쳤다.

소박하면서도 훈훈한 분위기가 감도는 졸업식이었다.

더구나 이 졸업식에는 덤이 하나 있었다.

졸업식 후에 유치원생 어머니들이 정성껏 만들어 오신 음식으로 다 함께 식사를 한 것이다. 말하자면 일종의 뷔페였다.

이루 말할 수 없이 가슴이 따뜻해졌다.

식사를 마친 뒤에는 운동장으로 나가, 와타나베 쇼 선생님이 반년 동안 꾸준히 만든 통나무집 개장 축하 행사를 가졌다.

와타나베 선생님이 전기톱으로 문짝을 가르면 통나무집 안에서 아이들이 뛰어나오는 것이 축하 행사의 내용이었다.

통나무집 만들 때 열심히 거들었지만 통나무집에서 놀 수 없는 졸업생들을 위해, 와타나베 선생님은 이 행사를 꼭 마련하고 싶었으리라.

전기톱이 윙윙거리며 나무 지저깨비가 튄다. 와타나베 선생님의 구령에 맞추어 아이들이 통나무를 힘껏 밀었다. 잘린 통나무가 쿠당탕 무너지고, 아이들이 환성을 지르며 뛰어나왔다.

부모님들이 박수를 쳤다.

이 아이들은 정말로 뭐든지 잘 만들었다. 개집을 만들고, 동물이 조각된 기둥을 만들고, 초가집을 만들어 신나게 놀았다. 뭔가를 만드는 일은 창조력으로 이어지리라.

한 가지 더 말해둘 것이 있다.

졸업 기념으로 선생님들이 손수 《태양의아이》라는 작은 문집을 만들어 아이들에게 선물한 일이다.

아이들, 부모님들, 선생님들의 글이 실려 있다.

여기에 몇 편 소개하겠다.

도조 선생님. 미와는요,

좋아하는 사람 이야기를 하면요

얼굴이 두근두근거려요

— 다테이시 미와

내 신발 밑에서

눈이 운다

들어 봐, 크흑

　　　크흑

　　　　크흑 크흑, 맞지?

— 나카타 다이키

맨 첫 번째 씨앗은

어디에 있었어?

— 다카가키 게이치

야마조에 루이의 어머님은 이런 글을 보내주셨다.

네 언니와 엄마는 《아기가 오는 날》이라는 그림책을 몇 번이나 보면서, 예정일을 넘기고도 좀처럼 소식이 없는 너를 얼마나 기다렸는지 모른단다.

2주째 새벽, 갑자기 산기가 있어 아빠하고 같이 부랴부랴 병원으로 달려가 오후에 너를 낳았어.

다음 날부터 엄마는 너하고 같은 방에서 지냈는데, 네가 젖 빠는 일이 아직 서툴러서 둘 다 얼마나 고생했는지 몰라. 그때만 빼면 너는 너무나 사랑스러웠어. 이름은 그냥 막연히 '루이'가 어떨까 생각했을 뿐 결정을 내리지 못한 채 '루이야.' 하고 나직이 불러보고는 했었지.

처음 네 이름을 불러보았을 때 몹시 부끄럽기도 하고 떨리기도 하더구나.

그 뒤로 네 이름을 얼마나 많이 불렀는지.

'루이야.' 네 엄마가 될 수 있게 해줘서 정말 고마워.

'네 엄마가 될 수 있게 해줘서 고마워.'라니, 얼마나 참되고 아름다운 말인가. 나는 가슴이 뭉클했다.

선생님들도 저마다 한마디씩 남겼다.

안녕하세요, 돌고래 반 여러분? 여러분은 알고 있었나요?

내가 여러분을 부러워했다는 사실을.

다른 사람을 사랑하는 데에 서투른 나한테 못마땅한 점이 많았죠? 미안해요. 그래도 여러분은 나를 사랑해주었어요. 정말 고마워요.

−시라이시 마키코

최근에 내 마음을 뒤흔든 이야기 하나 해줄까요? 일본의 남쪽 섬에는 옛날부터 전해 내려오는 딱 스물세 자로 이루어진 이야기가 있대요.

'집에 돌아가서 문을 열었더니 이만한 벌레가 있었습니다.'

시작도 끝도 없는, 딱 이것뿐인 이야기. 하지만 진실이란 의외로 이렇게 단순하게 보이는 것 속에 감춰져 있을지 몰라요. 아직은 너무나 작고 보잘것없는 우리. 다함께 무럭무럭 자라요.

−니시가키 이쿠요

오른쪽으로 갈까, 왼쪽으로 갈까?

망설이다가 여러분을 만났어요. 어쩌다가 이런 곳에서 만났을까요? 길에는 어른도, 아이도 헤아릴 수 없이 많은데.

내일, 여러분은 누군가를 만날 거예요. 하지만 그게 누구인지는 아빠도, 엄마도, 곰도 몰라요. 물론 여러분도 모르고요.

-하이타니 마사유키, 곰

졸업생들은 이튿날 아와지 섬에 있는 우리 집으로 놀러 왔다. 아이들은 소용돌이치는 바다를 구경하고, 시장에서 물건도 사고, 밭에서 채소를 따와 요리도 하고 식사도 했다. 나무 욕조에서 목욕을 하고, 난생 처음 집을 떠나 잠을 자고, 낚시를 하고, 모터보트를 조종했다. 그러고는 뿌듯해하며 돌아갔다.

기요코가 울잖아. 자, 눈물 뚝

태양의아이 유치원이 1년 동안 실천했던 일들을 이야기할 때 빠뜨릴 수 없는 것이 있다. 그것은 '장애아'라고 불리는 아이들의 존재이다.

지난 1년 동안 우리는 '장애아' 4명과 함께 생활했다. 둘도 없이 귀중한 이 체험은 아이들은 물론이고 선생님들에게도 많은 것을 가져다주었다.

나는 '장애아'라는 말을 되도록 쓰지 않으려고 한다. 모두가 같은 인간이라는 당연한 사실을 모두가 당연하고 자연스럽게 받아들이기를 바라기 때문이다.

장애아 교육이라는 게 따로 있다는 것 자체가 하나의 불행이다. 굳이 있어야 한다면 모든 교육의 원점이며 인간 교육 그 자체라는 의미로서만 존재해야 하는 것이 아닐까?

이런 나의 생각은 선생님들도 내가 쓴 책이나 내가 벌이는 운동을 통해 어느 정도 이해하고 있으리라 믿는다.

처음에 행정기관의 '조치'(이 말의 부당성과 여기에 담겨 있는 인간 경시 사상에 대해서는 이미 앞에서 말했다)로 우리 유치원에 오게 된 아이는 도루와 못짱이다.

사람들이 두 아이에게 '장애'가 있다고 생각하는 까닭은 두 아이가 보이는 다음과 같은 행동 때문일까?

도루는 좀처럼 교실에 들어오지 않는다. 혼자 행동할 때가 많고 "나, 안 해."라는 말만 되풀이하며 선생님 말을 듣지 않는다. 자기가 하기 싫은 일을 강요당하면 '푸' 하고 침을 뱉는다. 교실에서 오줌을 싼 적도 있고 나팔꽃을 모종삽으로 내리친 적도 있다.

못짱은 동작이 약간 느리고 얌전하다. 항상 혼자서 어슬렁어슬렁 돌아다닌다. 몸집이 작고 체력도 떨어진다. 또 자음 발음이 정확하지 않아 입 안에서 우물거리듯이 말한다.

이렇게 예를 들다보니, 그래서 그게 뭐 어떻다는 거냐고 누군가에게 따져 묻고 싶어진다.

두 아이의 이런 모습은 내 어린 시절의 모습에서도 어느 정도 찾아

볼 수 있다.

만약 도루와 못짱이 어른들처럼 말을 할 수 있다면, 남들과 조금 다른 게 무슨 '장애'냐고 항의할지도 모르겠다.

이 글을 쓰면서도 어쩐지 도루와 못짱에게 미안한 마음이 든다.

도루는 예민하고 섬세하다. 옷이 조금만 젖어도 갈아입으려고 하고, 친구들이 싸우면 누가 먼저 싸움을 걸었는지 재빨리 관찰하고 기억해둔다.

물을 싫어하는 성격을 극복하고 수영장에서 용감하게 물놀이를 할 수 있게 되었을 때, 도루가 입버릇처럼 되뇌던 "나, 안 해."라는 말은 "나, 하고 싶어." 또는 "나, 갖고 싶어."로 바뀌었다.

또 싸움이 났을 때 도루가 중간에 나서서 말리는 모습을 보면서(물론 때로는 도루 자신이 그 싸움의 주인공이 될 때도 있지만) 아이들의 폭력도 종류가 여러 가지구나 생각하게 되었다.

사람들의 시선을 비꼬아 말하자면, 도루에게는 억지로 시키는 일은 싫어하지만 자기가 원하던 일이나 원하던 세계가 주어졌을 때는 남들 몇 배의 집중력을 쏟아붓는 '장애'가 있다.

덕분에 태양의아이 유치원에는 뛰어난 어린이 그림이 한가득 탄생했다.

늘 어슬렁거리는 못짱은 어딘지 모르게 익살맞고 우스꽝스러운 데가 있다. 점심시간에 다른 아이들의 의자를 톡톡 차고 다닌다. 이따금 오줌을 싸기도 한다. 한번은 선생님이 앞질러 말한 적이 있다.

"못짱, 오줌 싸고 싶어? 벌써 쌌어?"

못짱이 미안한 듯 고개를 푹 수그렸다. 선생님이 못짱의 팬티를 벗기려고 했다.

"어머, 안 쌌잖아?"

그제야 못짱은 선생님의 얼굴을 보며 '속았지롱' 하는 얼굴로 씨익 웃었다.

그런 장난에 인생이 즐거워진다고 생각하니, 나는 못짱이 더없이 사랑스럽다.

못짱 부모님 말씀이, 언제부턴가 못짱이 손톱도 물어뜯지 않고 짜증도 내지 않게 되었다고 한다.

"못짱, 굉장히 밝아졌구나." 하고 선생님이 말한다.

하지만 못짱은 못 들은 척한다. 요즘은 자기처럼 외톨이인 아유미와 친구가 되어 '둘이서' 어슬렁어슬렁 돌아다니고 있다. 얼마나 보기 좋은 모습인가.

또 논짱은 신체적으로 장애가 있는 아이다.

날 때부터 젖을 빠는 힘과 울음소리 등이 보통 아이들보다 약했다. 여섯 달 뒤에 뇌성마비라는 진단을 받았다.

평소에는 수국학원(장애아 복지시설)에 다니고 일주일에 한 번씩 효고 현 장애인 복지협회에서 언어 훈련을 받고 있다.

태양의아이 유치원에도 일주일에 한 번씩 찾아온다. 우리는 논짱 부모님의 부모로서 당연한 바람, 즉 논짱이 장애아들뿐 아니라 '보통 아이들'과도 어울려 지냈으면 하는 바람(논짱 자신의 바람이기도 했다)을 존중하고 있는 셈이다.

논짱은 비록 신체적 장애가 있지만 굉장한 노력가이다.

이동할 때는 오른손을 써서 기어간다. 꽤 힘들어 보이는데도 웬만한 거리는 그 방법으로 거뜬하다.

조금 먼 거리는 스케이트보드처럼 생긴 판을 가슴 밑에 깔고 미끄러져 간다.

논짱은 성격이 아주 밝다. 논짱의 이름만 떠올려도 저절로 입가에 미소가 번질 정도이다. 아이들끼리 놀 때 더 많이 웃는다.

논짱은 신체 조건이 불리하지만 결코 소극적인 아이가 아니다. 그림 그리기를 좋아하고 점토 놀이와 도장찍기 놀이에 열중한다. 한 번 시작한 일은 끝까지 해야 직성이 풀리는 성격이다.

논짱은 아이들과 함께 요리도 하고 아이들이 교실에서 축구를 하면 자기도 공을 차려고 한다.

또 마음에 드는 친구가 있으면 자기가 먼저 다가가

"리에."

하고 큰 소리로 부른다.

선생님들은 논짱을 보고 있으면 늘 논짱에게 격려 받는 느낌이라고 한다.

인간이란 이렇게 강인한 존재구나 하는 생각에 가슴이 뜨거워져서 자신의 나약함과 게으름을 꾸짖을 수 있는 용기가 생기는 것 같다고도 한다.

당연한 생각이리라.

이처럼 '장애아'와 함께 생활하기를 정말 잘했다고 가장 먼저 실감한 사람은 바로 선생님들이었다.

기요코는 몹시 심각한 장애를 가진 아이다.

현에서 세운 어린이병원에서 뇌종양 진단을 받고 일곱 번이나 뇌수술을 받으며 입원과 퇴원을 되풀이했다.

기요코에 대해서는 K코라는 가명으로 앞에서 잠깐 이야기한 적이 있다.

집단생활에 적응하지 못 한다는 터무니없는 이유로 유치원 입학을 거절당했던 아이다.

기요코는 처음에 혼자 움직이지 못했다. 우리가 안아주면 안긴 채로 가만히 있었고 눈빛도 멍했으며 표정도 없었다(그렇게밖에 보지 못했던 것은 우리의 통찰력이 부족하기 때문이리라).

지금은 전혀 다르다.

말을 걸면 분명하게 고갯짓을 하고 종종 웃어 보이기도 한다. 뭔가에 흥분하면 "아, 아." 하고 소리도 낸다.

이것이 기요코의 현재 모습이고 또 기요코에게 이런 변화가 생긴 것은 태양의아이 유치원에서 모두와 함께 생활하면서부터이지만, 굳이 기요코의 변화를 일일이 예로 들며 설명을 덧붙일 필요는 없다고 생각한다.

기요코와 함께 있으면 서로가 마음 깊이 통하고 있는 듯한 느낌이 든다.

가끔씩 기요코를 만나는 내가 이렇게 느낄 정도니 선생님들의 경우는 말할 것도 없으리라.

기요코는 음악에 아주 민감한 반응을 보인다. 경쾌한 리듬에는 밝은 표정을 짓고 조용하고 슬픈 멜로디가 들리면 눈물을 살짝 머금는다.

기요코의 이런 모습을 처음 보았을 때, 후쿠다 선생님과 마쓰나가 선생님은 가슴이 찡하더라고 했다. 기요코는 보통 사람보다 훨씬 섬세한 감정을 가진 듯하다.

누군가 울면 기요코는 그 아이를 물끄러미 바라본다. 이윽고 기요코의 눈에도 눈물방울이 맺힌다. 그러다보니 선생님들 사이에 이런 말이 생겨났다.

"기요코가 울잖아. 자, 눈물 뚝."

이 말을 듣고 울던 아이가 울음을 그치는 경우도 있다니까, 기요코는 물론이고 아이들이 얼마나 마음씨가 고운지 새삼 느끼게 된다.

그런 기요코와 아이들을 보며, 나는 생각한다. 이 아이들을 격리시키거나 외톨이로 만드는 것은 큰 죄이며 인간 전체로 봤을 때도 큰 손실이라고.

아이들은 내게 인간의 가능성이 얼마나 무한한지, 생명이 얼마나 사랑스럽고 소중한 것인지 가르쳐주었다. 그 어떤 뛰어난 교사보다 훌륭하게.

모두들 우리 태양의아이 유치원의 보물이다. 도루도, 못짱도, 논짱도, 그리고 기요코도 언제까지나 영원히.

다가가지 못하고
툭툭 떨어지는 말

앞에서 '장애아'에게서 배운 것을 몇 가지 말했지만, 그 밖에도 선생님들이 아이들의 성장을 지켜보면서 감동을 받거나 발견한 것은 수없이 많다.

스냥이라는 아이가 있다.

토끼가 새끼를 낳았는데 금방 죽어버렸다. 다 같이 장례식을 치르고 아기 토끼를 땅에 묻었다.

그 일을 두고, 한 선생님과 스냥이 이야기를 나누었다.

"안 죽었어."

스냥은 입을 삐죽거리며 이렇게 우겼다고 한다.

선생님이 물었다.

"어디 묻었니?"

스냥은 묻은 장소를 순순히 가르쳐주었다. 그리고 거기에 쪼그리고 앉아서 노래하듯이 말했다고 한다.

"죽어도 죽어도 죽어도 죽어도 괜찮아. 여기 있으니까. 죽어도 죽어도 죽어도 죽어도 괜찮아. 또 낳을 거니까."

나는 선생님들한테 이 이야기를 전해 듣고 감동을 받았다. 선명한 이미지가 떠오르고 창작 의욕이 강하게 솟구쳤다. 실제로 나는 지금 소설 한 편을 쓰고 있다.

러시아의 코르네이 추콥스키는 어린이의 낙천성을 이야기하며 아이들은 자신이 언젠가 죽는다는 사실을 절대로 인정하지 않는다고 했다.

아이들은 모든 생명체를 대등한 친구로 여기며 자신의 죽음을 인정하지 않듯 다른 생명체의 죽음도 인정하지 않는 일관된 생각을 갖고 있다.

바로 이런 점 때문에 아이들을 평화주의자라고 말하는 것이리라.

나는 스냥의 말과 행동을 듣고 인간의 영원한 과제인 '삶과 죽음'에 관한 깊은 심리 드라마를 본 듯한 느낌이 들었다.

물론 아이들을 지켜보면서 모든 선생님이 나와 같은 생각을 하지는 않았다.

다만 한 가지 공통된 생각은 아이들에게서 이른바 '인간학'을 배우고 있다는 것이다.

여기에 선생님들이 한 아이와 함께하며 그 성장을 기록한 글이 있다. 그중 몇 편을 소개하면서 '선생님들의 인간학'을 살펴보겠다.

후쿠다 유키코 선생님은 0세아인 유지가 성장하는 모습을 기록했다.

웃는 얼굴이 예쁜 유지에게는 한 가지 흠이 있다. 낮잠시간만 되면 까무러치게 울어대는 것이다. 주위 아이들까지 깨워서 온통 울음바다를 만들었다.

자장가를 불러주거나 클래식 음악을 들려주는 등 갖가지 방법을 써 보았지만 딱히 효과가 없었다.

후쿠다 선생님은 솔직하게 말한다.

"부끄러운 일이지만 '왜 이렇게 울어대니?' 하고 짜증을 내서 긁어 부스럼을 만드는 멍청한 짓을 몇 번이나 되풀이했습니다."

그러는 사이에 후쿠다 선생님은 어떤 사실에 생각이 미쳤다.

자기 안에 있는 불안감도 어쩌지 못하면서 과연 유지를 나무랄 수 있겠느냐는 생각이었다.

후쿠다 선생님은 유지한테 깍듯이 사과해야 할 사람은 바로 자기 자신이라고 생각하게 되었다. 그리고 그런 생각으로 유지를 보고 유지를 대했다.

10월쯤부터 유지가 달라지기 시작했다.

낮잠을 자는 시간이 조금씩 길어지고 깊어졌다.

"유지가 엉금엉금 기어 다니다가 뭔가를 붙잡고 일어서고, 그러다 혼자서 서고, 또 혼자 걷게 된 날의 감동은 도저히 말로 표현할 수 없습니다. ……처음으로 혼자 걷던 날, 유지는 세 선생님한테 차례로 걸어왔습니다. 선생님들은 그때마다 유지를 안아주고 박수를 쳤습니다. 다른 아이들도 함께 박수를 치며 기뻐해주었습니다."

그 광경이 눈에 선하다.

아이들이 자라서 걷게 되는 것은 지극히 당연한 일이다. 인간은 이 당연한 일에서 더없는 기쁨을 느끼고 생명의 연대감을 나눈다. 여기에 인간의 위대함이 있다.

덴타쿠 선생님은 에리의 성장을 통해 아주 중요한 것을 배웠다.

"어느 날 문득 생각해보니까, 처음 입학했을 때에 비해 잘 울지도 않고 표정도 없고 응석도 부리지 않아서 돌보기가 수월하던 아이가 있었습니다. 하지만 이건 자연스럽지 않다는 생각이 들었어요. 사실은 좀 더 울고 응석을 부려야 자연스러운 건데……. 아직 말을 하지 못하는 아이가 울지 않는다는 게 어떤 것인지 생각하니 너무 가슴이 아픕니다."

에리가 우리 유치원에 온 것은 생후 15개월 때였다.

이때부터 덴타쿠 선생님의 시행착오가 시작된다.

에리를 더 자주 안아주고 말을 이끌어내기 위해 "저건 ○○야." 하고 이름을 가르쳐주기도 했다.

하지만 에리는 볼일이 있으면 선생님의 어깨를 톡톡 두드렸다. 밖에 나가고 싶을 때는 신발을 가져와서 자기 의사를 표현했다.

후쿠다 선생님과 마찬가지로 덴타쿠 선생님도 한 가지 사실을 깨달았다.

아이보다 한 발 앞서서 자꾸 뭔가 해주려는 자신을 발견한 것이다.

"아마 이런 걸 바랄 거야, 하고 멋대로 해석해버렸어요. 느긋하게 기다리며 지켜보려고 하지 않았던 나…… 에리가 몸으로 호소하고 있다는 사실을 알게 된 것은 그로부터 조금 지나고 나서……."

다음에 소개하는 덴타쿠 선생님의 글은 아이들과 함께하려는 사람에게 무엇보다 귀중한 교훈이다.

"'안녕?'이라는 말을 억지로 하게 하거나 에리는 관심도 없는 사물의 이름을 말하게 하는 등 무리한 일을 해버렸지만, 덕분에 나도 한 가지 공부를 했다고 생각합니다. 좋은 결과를 얻으려고 조바심친 것은 나 자신의 만족을 위해서일 뿐, 에리한테는 귀찮은 일이었습니다. 방금 에리가 '덴짱(덴타쿠의 애칭)' 하고 웃으며 나를 불렀습니다. 뭔가 보여주고 싶은 게 있나 싶어서 따라가보았더니, '응, 응' 하며 이것저것 손으로 가리켰습니다. 에리는 내게 뭔가 전하고 싶은 것이 있어서 내 이름을 불렀겠지요. 전하고 싶은 것이 있거나 하소연하고 싶은 것이 있을 때는 스스로 말을 하는구나 하고 깨달았습니다."

태양의아이 유치원의 교육이념은 '자유'와 '평등'이다. 그것은 함께 배운다는 뜻이며 생명에는 더 귀하고 덜 귀한 것이 없다는 뜻이다. 사람과 사람이 서로 자유롭고 평등할 때만이 인간관계는 진실해질 수 있다.

선생님들은 아이들을 가르치고 이끄는 일이 앞섰을 때는 갈피를 잡지 못하다가, 진실한 인간관계가 무엇인지 깨닫고 함께 살아가는 것이 먼저라는 사실에 생각이 미쳤을 때에야 희망의 빛을 보게 되는 공통된 과정을 밟았다. 그 사실이 내게는 흥미롭다.

앞으로도 선생님들은 시행착오를 거듭하면서 우리의 교육이념을 조금씩 실천해나갈 것이다.

아이들과 선생님이 서로 뭔가 통했다고 느끼는 순간은 구체적인 사실로 표현할 수 있는 경우도 있고 그렇지 않은 경우도 있다.

하이타니 마사유키 선생님은 아이들과 생활하는 가운데 "어느 순간, 내 말이 아이들한테 가 닿았다."고 느꼈다고 했다.

다른 사람에게 좀처럼 설명하기 힘들겠지만 그런 인간적인 감정 교류는 매우 흥미로운 것이다.

인간은 고통과 즐거움을 함께 나누며 생활하는 가운데 굳은 연대감을 가지게 된다. 하이타니 마사유키 선생님은 그 사실을 아이들에게 배우고 있다.

미와는 걸핏하면 친구들을 울리는 모양이다. 아무리 야단쳐도 싱글거리기만 한단다.

"미와는 그저 웃기만 할 뿐 도통 변화가 없습니다. '왜 그랬니?' 하고 물어도 생글거리기만 합니다. '누가 너를 괴롭히면 너는 슬프지 않겠어?' 하고 따져 물어도 생글거립니다. 무슨 말을 해도 생글생글 웃기만 하는 미와를 보면, 내 말이 미와한테 가 닿지 못하고 중간에서 툭툭 떨어지는 것 같았습니다. ……미와는 도저히 잡을 수 없는 존재, 가까이 다가갈 수 없는 존재가 되어가고 있었습니다."

하이타니 마사유키 선생님은 자기의 말이 미와에게 가 닿았다고 느끼는 순간, 미와가 아니라 자기 자신을 객관적으로 볼 수 있게 되었다.

"나는 미와를 이해하려고 하지 않고 그저 내 방식으로만 미와를 대하려고 했습니다. 미와의 고집스러운 태도는 '그게 아냐!'라는 소리 없는 외침에 다름 아니었습니다."

그렇기에 인간은 신비하며 교육은 흥미로운 것이다.

하이타니 마사유키 선생님은 거듭 말한다.

"'왜……'라는 말은 설사 아무리 부드럽게 말한다 해도, 그것은 결국 나의 일방적인 생각인 이상 그만큼 잔인한 말은 없습니다."

아이들과 함께하는 사람이라면 이 선생님과 같은 고배를 여러 번 마셔야 할 것이다.

그랬을 때 비로소 교사로서, 교육자로서 기쁨을 느낄 수 있다.

"한 선생님에게 '요즘 미와, 괜찮죠?' 하고 물었더니, '네, 밝아진 것 같아요.' 하고 대답했습니다. '역시' 하는 생각이 들면서 말로는 표현할 수 없을 만큼 기뻤습니다. 선생님들을 일일이 붙잡고 "요즘 미와, 어때요?" 하고 물어보고 다니고 싶을 정도였습니다."

얼굴 이야기와 새 동료

　　　　자기 얼굴을 객관적으로 평가하는 일은 불가능에 가깝지 않을까? 아마 거의 모든 사람이 같은 생각이리라.

　어떤 때는 제법 잘생긴 것 같다가도 또 어떤 때는 너무 형편없는 얼굴이라고 절망하기도 한다.

　태양의아이 유치원에도 똑같은 말을 할 수 있다.

　어떤 날은 더없이 맑고 싱그럽게 느껴진다. '오늘은 너무 기운 없는 얼굴이구나.' '오늘은 어쩐지 게을러 보이는걸?' 하고 생각되는 날도 있다.

　인간인 이상, 또 인간 집단인 이상 어쩔 수 없는 일이다.

　아무리 성실하게 살아도, 또는 성실하게 살려고 해도 인간이라면 피로를 느끼게 마련이고 이따금 자신의 생활방식이나 행동에 의문이 들기도 한다.

　그것이 민감하게 반영되어 그날 그날 그 집단의 얼굴이 된다. 바로 태양의아이 유치원의 얼굴이다.

　나는 태양의아이 유치원에 날마다 나가지 않기 때문에 그 변화를 더 민감하게 느끼는지 모른다.

　선생님들 한 사람 한 사람도 마찬가지다.

　갑자기 얼굴에 생기가 가신 선생님이 있다고 하자. 어쩌면 그 선생님의 영혼을 뒤흔드는 사건이 일어났을 수도 있다. 갓 스물을 넘긴 젊은 사람들이 모여 있는 곳이니 어떤 사건인들 못 일어나겠는가.

　인생의 막다른 골목에 부딪혀 고뇌하고 있구나 하고 확연하게 알 수 있는 경우도 있다. 또 갈피를 잡지 못하고 속으로 끙끙 앓으며 말없이 견디고 있는 듯한 사람도 있다.

　그런 선생님들에게 내가 좋은 조언자가 될 수 있을까? 대답은 '노'이다. '노'일 수밖에 없다.

　안타깝게도 인간은 개별적인 존재인 것이다.

　나의 이런 생각을 선생님들도 익히 알고 있는 듯, 내게 개인적으로 상담하거나 고민을 털어놓는 사람은 아무도 없다.

　냉정하게 들릴지는 몰라도 그것이 깔끔한 인간관계이다.

나는 그날그날 유치원의 얼굴을 본다. 선생님들의 얼굴을 본다. 그리고 내 할 일이 무엇인지 생각한다.

그것으로 족하다고 나 스스로 되새기고 있다.

관청에서 직원 한 명을 보충하라는 통보가 왔다. 이것은 장애아를 한 명 더 맡으라는 말과 다름없을 만큼 획기적인 사건이었다.

아무튼 그런 예산을 책정해준 것 자체가 하나의 진전이므로 고마운 마음이 들었다.

이번 일을 계기로 두 걸음, 세 걸음 더 전진하기를 관계자 여러분께 진심으로 바란다.

예상하지 못한 일이었기에 우리는 허둥댔다.

태양의아이 유치원의 선생님들은 우리 유치원의 교육이념에 공감하는 사람들이다. 개중에는 경제적으로 불리하다는 사실을 알면서도 함께 일하는 사람도 있을 정도이니, 우리의 교육이념을 얼마나 깊이 이해하고 있느냐를 떠나 모든 선생님들이 같은 마음으로 모여 있는 셈이다. 시간도 넉넉하지 않은데 이 짧은 기간 동안 우리의 참된 동료를 찾을 수 있을까?

고마운 일이라고 해야 할까, 태양의아이 유치원에서 일하고 싶어하는 사람은 늘 있었다. 하지만 그때마다 우리는 정중히 거절했다.

이럴 줄 알았으면 이력서를 돌려주지 말고 그냥 가지고 있을걸 하고 후회했지만 이제 와서 어쩌겠는가.

결국 연고자, 각 대학 유아교육학과 졸업자로 현재 유치원 선생님이 되고 싶어하는 사람들 중에서 뽑기로 했다.

우리는 사람이 사람을 가려내야 하는 '죄스러움'과 '어려움'을 질리도록 맛본 적이 있다.

그러나 그때는 설립동인뿐이었지만 지금은 선생님이 열일곱 명이나 있다.

긴급 직원회의를 열었지만 다들 처음부터 발뺌할 궁리만 했다.

자신들이 그 입장이었던 1년 전을 떠올리고 그때만큼 긴장된 적은 없었다는 둥 그런 끔찍한 일은 두 번 다시 겪고 싶지 않다는 둥 저마다 한마디씩 했다.

다행히 선생님들의 그런 생각은 바람직한 방향으로 작용했다.

우리 입장뿐 아니라 응시자들의 입장을 고려해서 되도록 심리적 저항감이 적은 방법을 찾는 데에 지혜를 모을 수 있었기 때문이다.

우리는 응시자들에게 하루 동안 유치원에서 아이들과 놀아보게 하자고 의견을 모았다.

되도록 많은 교실을 다니며 아이들과 놀아달라는 조건만 붙이고 나머지는 자유에 맡기는 게 어떻겠느냐는 선생님도 있었다.

물론 좋은 의견이지만 그랬을 경우 응시자들이 무엇을 어떻게 해야 좋을지 난감해할 것이라며 많은 선생님들이 반대했다. 좀 비꼬아 말하면, 우리 유치원 선생님들은 지나치게 친절하다.

그러자 이번에는 아이들과 선생님들과 응시자가 다함께 뭔가 해보면 어떻겠느냐는 의견이 나왔다.

결국 우리는 태양의아이 유치원이 가장 자신 있어하는(?) 야외급식 파티를 열었다.

나이 많은 아이들이 양배추를 채 썰고 밀가루 반죽을 만들었다. 참마도 갈아 넣고 피망과 당근도(교육으로서 급식의 중요성, 영양을 골고루 섭취해야 한다는 점 등을 느끼게 하기 위해서인 듯하다) 잊지 않고 넣었다.

3세아는 주먹밥을 만들었다.

아이들이 소금물에 적신 랩을 손바닥에 올려놓으면 선생님들이 그 위에 따뜻한 밥을 얹어준다.

아이들이 주먹을 꼭 쥔다. 주먹을 잘 쥐지 못하는 아이들은 복주머니처럼 생긴 주먹밥을 만들었다.

응시자들도 아이들과 함께 주먹밥을 만들었다.

금세 온화한 분위기가 감돌았다.

오래전부터 태양의아이 유치원 선생님이었던 것처럼 행동하는 사람도 있었다.

그런 훈훈한 광경을 지켜보면서 나는 가슴이 아팠다.

우리 유치원에서 함께 일할 수 있는 사람은 여덟 명 가운데 딱 한 사람이다.

나머지 일곱 명에게 실망을 안겨주어야 한다고 생각하니 마음이 너무 무거웠다.

아이들이 낮잠을 자는 동안 면접을 치렀다.

선생님들 모두가 면접(면접이래야 이런저런 이야기를 나누어보는 것이었지만)에 참가하고 싶어했지만, 그럴 경우 응시자에게 위압감을 줄 것 같아 나와 원장을 포함하여 다섯 명만 참가하기로 했다.

여덟 명 가운데 한 명밖에 뽑을 수 없어서 미안하다는 말을 한 다음, 우리는 면접답지 않은 면접을 시작했다.

오히려 우리가 안절부절못했고, 응시한 젊은이들은 느긋했다.

이 유치원에서 하루를 보내면서 큰 공부를 했고 즐거웠으니 그것으로도 만족한다며 오히려 우리를 위로하는 젊은이도 있었다.

그중 한 사람인 무라세 미쓰코 씨의 말에 우리는 충격을 받았다.

무라세 미쓰코 씨는 깊은 생각에 잠긴 얼굴로, 태양의아이 유치원에서 일하고 싶지만 스스로 물러나겠다고 했다.

그리고 눈물을 뚝뚝 흘리며 말을 이었다.

"이 유치원에서 하루를 보내고, 훌륭한 아이들 앞에서 내가 너무 초라하고 보잘것없다는 것을 깨달았습니다. 저는 처음부터 다시 시작하겠습니다. 오늘부터 다시 태어나겠습니다."

우리는 깊이 감동했다. 이렇게 성실한 사람이 또 있을까 싶었다.

무라세 씨 같은 마음가짐을 잃지 말아야 할 사람은 바로 나 자신이며 태양의아이 유치원의 모든 선생님이리라.

또 한 사람 가와구치 유시코 씨도 예리한 말을 했다.

"여기 유치원 선생님들은 하나같이 아름다워요. 이유가 뭐예요?"

나도 가와구치 씨와 같은 생각이다.

우리 유치원 선생님들이 열정을 담아 이야기할 때의 표정은 정말 아름답다.

물론 남선생님들도 마찬가지다.

그러나 면접을 마치자 역시 피곤했다. 괴롭고 착잡한 심정이었다.

밤늦도록 직원회의가 이어졌다.

저마다 응시자들의 인상을 이야기했다.

누구를 뽑을 것인지가 직원회의에서 결정될 리가 없었다. 결국 결정권은 면접에 참가한 다섯 사람에게 미뤄졌다. 밤이 꽤 깊었는데도 선생님들은 아무도 돌아가려고 하지 않았다.

논의를 계속한 끝에 내가 최종 결과를 발표했다.

"무라세 씨와 가와구치 씨 두 사람으로 정합시다. 인건비는 한 사람 몫밖에 나오지 않지만 경제적인 문제는 나중에 다 같이 지혜를 모아서 해결해봅시다."

이렇게 태양의아이 유치원에 새 선생님이 생겼다.

좋은 동료를 만나는 것보다 기쁜 일은 없다. 그런 감회가 모든 선생님들의 얼굴에 배어 있었다.

벼락아, 저리 가

　　새로이 우리 동료가 된 가와구치 유시코 선생님과 무라세 미쓰코 선생님은 둘 다 교사 경험이 있다.

　가와구치 선생님은 0세아에서 3세아 반과 초등학교 저학년 반을 각각 반년 동안 맡았고, 무라세 선생님은 오사카의 유치원에서 1년 동안 일한 적이 있다.

　이 사람들 눈에 태양의아이 유치원과 아이들은 어떻게 비칠까?

　나는 그들이 전 근무처에 견주어 우리 유치원의 운영이라든가 아이들의 말과 행동을 어떻게 평가하는지 궁금했다.

　사람은 자신과 자신의 행동을 객관적으로 보기 힘든 법이다. 나 자신도 겪어봐서 알지만, 날마다 진흙투성이가 되어 아이들과 함께 지내다보면 자신의 행동이 아이들에게 어떤 영향을 끼치는지 알지 못하거나 아이들에게 뭔가 배우고 있지만 자각하지 못하는 경우가 있게 마련이다.

이야기가 약간 빗나가지만, 나는 아이들과 함께 생활하는 사람일수록 아이들과 떨어져서 생각하고 행동하는 시간이 필요하다고 생각한다.

그래야만 좀 더 객관적으로 아이들을 바라볼 수 있기 때문이다.

학교 선생님들에게는 여름방학이 있고(물론 문자 그대로 여름방학이 아니라 넓은 의미에서의 연수 기간인 셈이지만) 유치원 선생님에게는 없다는 것이 나로서는 도저히 이해가 가지 않는다.

유치원의 특성상 유치원 문을 닫거나 쉴 수 없다면 정부나 지방자치단체에서 선생님들이 연수 시간을 가질 수 있도록 예산을 마련해주어야 한다.

유치원 선생님에게 걸핏하면 부당하고 불평등한 일을 강요하면서도 절대적으로 필요한 연수 시간이나 창조를 위한 시간은 전혀 인정해주지 않는다. 그러면서도 아이들을 위해 부지런히 공부하라고 서슴없이 말한다.

아이들과 함께 있는 동안 선생님은 오직 교육 외에는 아무것도 할 수 없다.

아이들의 부모님에게 갑자기 급한 볼일이 생기는 경우도 있어서, 모든 아이들이 집으로 돌아가는 시간은 대개 오후 여섯 시이며 일곱 시께일 경우도 있다.

아이들 문제를 이야기하는 직원회의도 저녁식사를 마친 뒤에나 열린다. 언제 어디서 연수를 한단 말인가? 통근버스 안에서라도 하라는 말인가? 일요일에는 개인적인 일을 모조리 접어두고 아이들에 관한 책을 읽으라는 말인가?

글을 쓰다보니 점점 화가 치민다.

이야기가 딴 방향으로 흘러가버렸지만, 중요한 얘기라 이렇게 적어둔다.

교육행정에 종사하는 사람이 어디선가 이 짧은 글을 읽게 된다면 이런 불합리와 억지에 대해 곰곰이 생각해보기 바란다.

다시 하던 이야기로 돌아가자. 새로 오신 선생님들이 우리 유치원에서 받은 인상은 어떻게 보면 우리에 대한 평가이며, 우리가 미처 깨닫지 못해서 실천하지 못한 부분에 대한 지적이라고 할 수 있으리라.

이 두 선생님의 뛰어난 점은 사물을 보는 방식이 추상적이지 않고 구체적이라는 것이다.

두 사람 다 아이들을 세심하게 관찰하고 있었다. 관찰이라고 표현하면 두 선생님이 아이들에게 너무 방관적인 자세를 취한 것이 아니냐고 오해할 수도 있지만, 그것이 한 달 동안 아이들과 함께 생활하며 새롭게 경험한 감동이었다는 데에 큰 가치와 의미가 있다.

가와구치 선생님은 세 가지 사실로부터 태양의아이 유치원의 아이들이 어떤 아이들인지 파악했다.

비 오는 날 한 아이가 달팽이를 보고 한 말에, 가와구치 선생님은 감명을 받았단다.

"달팽이는 좋겠다. 비를 좋아하니까 금방 이사할 수 있잖아."

이것은 달팽이의 형태와 생태를 훌륭하게 이미지화한 말이다.

이렇게 표현할 수 있는 사람은 뛰어난 시인과 아이들밖에 없을 것이다.

곳곳에서 이런 '발견'이 이어진다.

밭에 갔을 때 도랑에 작은 파리가 떼 지어 앉아 있는 것을 보고 한 아이가

"벌레 불꽃놀이다!"

하고 외친다.

가와구치 선생님은 이 말을 정확하게 이해했다. 정확하게 이해했다는 것은 아이들의 말에 감동했다는 뜻이다.

산책 갔다 돌아오는 길에 꽃밭 앞에서 한 아이가 말했다.

"꽃이 커다랗게 자라면 책을 읽어줄 거야."

가와구치 선생님은 그 아이가 사랑스럽게 느껴졌다고 한다.

"이 유치원 아이들은 정말 훌륭해요."

선생님은 그렇게 말한다. 하지만 훌륭한 것을 훌륭하다고 받아들이는 것이 그리 쉬운 일은 아니다. 아이 같은 감정이나 아이의 감정과 비슷한 감정이 남아 있지 않으면 아이들을 보고 진심으로 훌륭하다고 말하기 어려운 법이다.

무라세 선생님은 그림 한 장을 쉴 새 없이 흔들고 있는 아이한테 물었다.

"왜 그러니?"

아이가 자랑스럽게 대답했다.

"길이 움직이고 있어. 막 흔들려요."

그 선생님은 그 말을 듣고서야 아이가 그린 그림이 자동차라는 사실을 알았다.

'자동차로 보이는 것이 중요한가? 자동차로 보이지 않더라도 그림에 온 열정을 쏟아부으며 활발하게 움직이는 마음이 중요한가?'라는 질문에, 무라세 선생님은 "역시 아이들은 훌륭해요."라는 말로 대답을 대신하고 있다.

금세라도 벼락이 칠 것 같은 날씨였다.

한 아이가 무라세 선생님에게 뛰어와서

"이제 곧 콰릉콰릉 할 거야. 번쩍번쩍 할 거야."

하고 말했다.

무라세 선생님이 감격한 이유는 아이의 다음 행동과 말 때문이었다.

아이가 창 쪽으로 달려가더니 금방이라도 벼락이 내리칠 듯한 하늘을 올려다보며

"벼락아, 저리 가! 저리 가!"

하고 외친 것이다.

무라세 선생님은 발갛게 상기된 얼굴로 말했다.

"나를 위해서 그런 거예요. 진심으로 말이에요."

선생님은 또 이런 말도 했다.

"이 유치원 아이들은 정말 상냥해요. 한 아이가 울면 다른 아이가 달래주는 모습을 자주 봐요."

물론 우리 유치원 아이들이 특별히 상냥한 것은 아니다.

원래 모든 아이들은 상냥하다. 아이들의 마음이 황폐해지는 때는 사랑받고 있지 못하다고 느낄 때뿐이다.

혹시 태양의아이 유치원 아이들이 다른 아이들보다 상냥하다면, 아마도 아이들이 선생님을 좋아하는 감정과 선생님이 아이들을 좋아하는 감정을 서로서로 둘도 없이 소중한 것으로서 아끼고 있기 때문이

리라.

"좋은 점만 말해줘서 정말 고마워요. 앞으로 갖가지 부족한 점, 불만스러운 점도 생기겠지만 그때는 다함께 의논합시다. 그런데 두 사람이 말한 우리 유치원 아이들의 특징은 어디에서 나온다고 생각합니까?"

나는 두 선생님에게 물었다.

둘은 한동안 생각에 잠겨 있었다.

먼저 무라세 선생님이 말했다.

"선생님들과 아이들의 관계가 '~하세요'나 '이건 이거예요'와 같은 관계가 아닌 데서 오는 것 같아요. 정말로 함께 생활하고 있구나, 하는 느낌이 주고받는 말 한 마디 한 마디에 그대로 드러나요."

가와구치 선생님도 말한다.

"뭐랄까, 분위기가 좋아요. 다들 인간적이에요. 모두 평등하다는 느낌이랄까요? 그러니까, 선생님과 아이들이 아니라 그냥 모두 평등한 인간이라는 느낌이에요. 저는 쇼 선생님(와타나베 쇼)과 아이들이 나누는 대화가 무척 마음에 들었어요. 보통 사람이라면 '이거야'라고 말할 대목에서도 쇼 선생님은 '이게 아닐까?'라고 말해서 아이들한테 생각할 시간을 충분히 주거든요. 한 아이가 만든 것을 다른 아이가 장난치다가 망가뜨렸을 때, 쇼 선생님은 이렇게 말했어요. '얼마나 열심히 만들었는데, 이렇게 망가뜨리면 어떡해, 안 그래?'라고요. 그런 말투가 정말 마음에 들어요. 아이들이 실수를 해도 '그건 어쩔 수 없는 일이었어. 기운 내.' 하고 진심으로 말해줘요."

꼼꼼히 보고 있었구나, 하고 나는 감탄했다. 그러나 어른들의 말과 행동을 더욱 꼼꼼하게 살피고 있는 것은 아이들이다.

그렇기에 가와구치 선생님이나 무라세 선생님 같은 섬세한 성격의 소유자가 우리의 새 동료가 된 것이 어떤 의미를 지니는지 생각해보아야 한다.

새로 온 두 선생님이 우리 유치원을 이렇게 평가했다는 사실은 우리에게 큰 자극이 되었다.

우리가 무의식중에 아이들한테 '익숙해져'버려서 느껴야 할 것을 못 느끼고 보아야 할 것을 못 보고 지낸 부분이 조금이라도 있다면, 새로운 마음가짐으로 시작하는 두 선생님의 눈이 우리에게 가혹한 채찍이 되리라.

그런 의미에서 우리는 모두 철저하게 평등하다.

저마다의 여름, 저마다의 인생

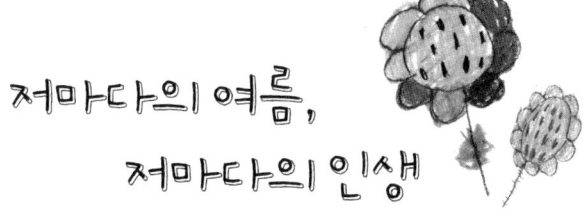

앞서 나는 유치원 선생님들에게 연수 시간이 없는 것은 부당하다고 주장했다. 그렇다고 연수 시간이 저절로 생기는 것은 아니다.

그 시간을 만들기 위해 우리는 상당한 고역을 치렀다. 우선 부모님들에게 협조를 구해야 했다.

"학교 선생님들은 하기 연수 기간이 있지만 유치원의 성격상 유치원 선생님들은 그렇지 못합니다. 아이들과 함께 생활하는 사람은 학교 선생님이든 유치원 선생님이든 끊임없이 연수를 받으며 공부를 게을리 하지 말아야 합니다. 아시다시피 유치원 선생님들은 일이 몹시

고되며 일정한 시간을 들여 공부할 여유가 거의 없습니다. 저희는 이렇게 힘든 여건 속에서도 아이들이 집으로 돌아간 뒤 밤 9시, 10시까지 좀 더 좋은 교육을 위해서 회의를 하기도 합니다. 여름철이면 곳곳에서 연수 강좌나 하기 대학이 열립니다. 훌륭한 교육을 실천하고 있는 학교나 유치원을 찾아가 배우는 시간도 필요합니다. 반드시 읽어야 할 책을 집중해서 읽는 시간도 가져야 합니다. 유치원 운영에 지장이 없도록 최대한 노력하겠습니다만, 무엇보다 보호자 여러분의 이해와 지원이 필요합니다."

이런 편지를 써서 부모님들께 도움을 구했다.

유치원은 성격상 추석 연휴 외에는 쉴 수가 없다.

그러나 갖가지 임시방편과 학부모님들의 협조로, 마침내 선생님들은 저마다 3주일씩 하기 연수 시간을 가질 수 있었다.

임시방편 가운데 하나는 외부 선생님들로부터 지원을 받는 것이다. 당연히 상당한 예산이 필요했다. 결국 돈 문제인 셈이다. 이것은 고통스러운 일이었다.

이런 비용이 하루 빨리 아동복지 예산에 반영되기를 간절히 바란다.

나는 이 글을 쓰기 위해 선생님들이 하기 연수 기간을 어떻게 보냈는지 적어놓은 보고서를 읽다가(아직 연수 중이거나 보고서를 쓸 시간이 없는 사람도 있어서 절반밖에 모이지 않았다) 끙 하고 신음소리를 내뱉었다.

보고서 중에는 똑같은 내용이 하나도 없었다.

태양의아이 유치원 선생님들의 사고방식, 생활방식이 얼마나 개성적인지 새삼 느낄 수 있었다.

"규슈 지방의 이마리, 쓰시마, 오이타를 혼자 떠돌아다녔습니다. 이마리에서는 '한알 유치원'이라는 곳을 견학했습니다. 건강한 시골 아이들과 발랄하고 아름다운 선생님들을 만나 이틀 동안 느긋하게 보낼 수 있었습니다."

−니시가키 이쿠요

니시가키 선생님은 한알 유치원 아이들에게서 느낀 점을 다음과 같이 적고 있다.

"매일 매일 오랜 시간을 아이들과 함께 지내다보니 아이들이 보이지 않게 되었습니다. ……그럴 즈음에 아이들과 떨어져 나만의 시간을 갖고 또 새로운 아이들을 만날 수 있었던 것은 행운이었습니다. 한

알 유치원에서 눈동자가 반짝이는 여자아이를 보고 한눈에 반해 한동안 정신없이 함께 놀았는데, 그때 문득 '어쩌면 나 같은 사람도 아이들과 함께하는 일을 해도 괜찮지 않을까?'라는 생각이 들었습니다."

이것은 아이들과 함께 지내는 사람일수록 아이들과 떨어져 생각하고 행동하는 시간이 필요하다는 나의 지론을 증명해준 보고서였다.

"거의 날마다 합창 연습으로 시간을 보냈습니다. 10개월에 걸친 연구생 기간을 마치는 기념으로 열리는 합창발표회가 코앞에 닥쳐, 밤낮이 뒤바뀐 채 연습에 힘썼습니다. 합창단에 이런저런 불만이 많아 한때 그만둔 적도 있었지만, 노력은 하나도 하지 않으면서 불평만 늘어놓지는 말자고 마음먹고, 발표회까지는 내가 할 수 있는 일이라면 최선을 다하겠다고 다짐했습니다. 그리고 발표회가 끝나면 내게 합창단이 어떤 의미를 갖는지 생각해보기로 했습니다."

−우노 아케미

우노 선생님은 그런 시간을 거친 뒤에 아이들을 대하니까 아이들이 하루하루를 얼마나 꿋꿋하게 살아가고 있는지 절실하게 느낄 수 있었다고 했다.

아이들을 바라보는 우노 선생님의 이런 시각이야말로 인생에서는 어른도 아이도 평등하다는 말을 증명해주는 것이리라.

시라이시 마키코 선생님의 글은 "'창조하고 싶다'는 마음은 있었지만 나약함, 시간, 돈 따위의 문제로 날마다 갈등하던 나는 여름방학 덕분에 한 걸음 성큼 내딛을 수 있었습니다."라는 말로 시작된다.

"구체적으로 이야기하면, 나는 어느 도자기공의 도움을 받아 도자기 공부를 하고 왔습니다. 땅바닥을 뒹굴며 천진난만하게 노는 아이들의 얼굴과 모습, 물리지도 않고 흙 반죽을 하는 아이들의 모습을 보며 흙으로 뭔가 만들고 싶다, 흙을 제대로 다뤄보고 싶다고 생각했습니다."

비록 요즘처럼 정신없이 바쁘게 돌아가는 세상에 어울리지 않는 일이지만, 감히 그 일에 도전함으로서 해야 할 일이 무엇이고 하지 않아도 되는 일이 무엇인지가 뚜렷이 보여 어려운 일에 도전할 용기가 생겼다고, 시라이시 선생님은 말한다.

시라이시 선생님은 3주일이라는 휴가기간이 마치 1년으로 압축한 10년처럼 느껴졌다면서 그렇게 귀중한 여름방학을 보낼 수 있도록 도와주신 많은 분들께 감사한다고 썼다. 진심이리라.

"홋카이도를 돌아다녔습니다. 깜깜한 밤, 여객선 갑판 위에서 처음으로 진짜 은하수(플라네타륨 조명으로 별자리 효과를 내는 기구이 아닌)를 보고 너무나 큰 감동을 받았습니다. 시골에서 자란 남편은 '정말 본 적 없어?'라며 어이없어했습니다. 내가 얼마나 '자연'과 동떨어져 살고 있었는지 뼈저리게 느꼈습니다. ……일상에서 벗어나 드넓은 홋카이도 땅을 마음껏 뛰어다니고, 저녁이면 바다에 텐트를 치고 잠을 잤던 경험은 저의 사고방식까지 딴판으로 바꿔버렸습니다."

−와타나베 게이코

와타나베 선생님은 홋카이도의 자연 앞에서 자신이 무력한 존재라고 생각한 듯하다. 그리고 그런 생각이

"신기하게도 '하고 싶은 일을 하는 거야. 무조건 행동으로 옮기는 거야.'라고 생각하게 되었고, 집에 돌아가서는 여기저기에 널려 있는 수많은 물건에 진저리가 나서 불필요한 물건은 죄다 버리기로 마음먹었습니다."

라는 생각을 이끌어냈으리라.
시오야 선생님의 보고서도 내게는 아주 흥미로웠다.

"지난 3주 동안 이사 준비와 정리로 대부분의 시간을 혼자 보냈습니다. 독신 생활을 무척 동경하고 있었지만 막상 혼자 살아보니 여러 가지로 이만저만 힘든 게 아닙니다. 혼자 살기 시작하면서 새삼 나 자신이 얼마나 나약한지 알았습니다. 어머니에게 얼마나 기대고 있었는지 절실히 깨달았습니다. 나는 결국 어머니한테서 전혀 독립하지 못하고 있었던 것입니다."

딱히 하는 일 없이 보낸 것 같지만, 자기 내면을 들여다볼 수 있었던 그 3주가 시오야 선생님에게는 무엇보다 소중한 시간이었으리라.
후쿠다 선생님은 중증 정신지체장애자 시설에서 자원봉사를 하고 있다.

"지금까지 직장생활을 하면서 얻은 휴가 중에 가장 긴 여름휴가를 얻어, 12일 동안 필리핀에 다녀왔습니다. 여동생이 민다나오라는 섬에서 번역 선교사로 있기 때문에 그곳을 찾아가기로 했습니다. 나는 단순한 관광여행이 아니라 필리핀 사람들의 생활을 보고 체험해보고 싶었는데, 그 목표를 충분히 달성했다고 생각합니다."

―세코 도요코

세코 선생님은 물질적인 만족감이 과연 정신적인 만족감으로 이어질 수 있을지 의문이라고 했다.

나 역시 아시아 곳곳을 여행하며 항상 이 문제에 대해 생각했다.

가와구치 선생님은 한 강습회에 참가한 느낌을 이렇게 적었다.

"한 걸음 물러서서 바라봄으로서 유치원에서 함께 지낼 때는 보이지 않던 아이들의 다른 모습을 발견한 것 같습니다. 어쩌면 지금까지와는 다른 각도에서 아이들을 바라볼 수 있게 된 건지도 모르죠."

덴타쿠 선생님은 연수 기간 동안 다양한 사람을 만나고 다양한 곳을 여행하고 온 듯했다.

"이번 방학 동안에는 유치원도, 아이들도 까맣게 잊고 지냈습니다. 나로서는 처음 겪는 일이었는데, 잊고 있었다는 사실을 깨달았을 때 약간 당황스럽고 기분도 좀 묘했습니다. ……산그늘에 덮인 지장보살을 돌아보며 다녔습니다. 마음이 차분히 가라앉았습니다."

덴타쿠 선생님은 자신이 자연의 일부라고 느꼈고, 그렇기 때문에 뭔가를 흡수하려는 활력도 생긴 게 아닐까 싶었다고 했다.

이케다 유이치 선생님은 이번 여름에 어머니를 여의었다.

쓸 이야기라고는 그것밖에 없는 이케다 선생님에게 생각 없이 보고서를 제출하라고 했으니, 선생님을 볼 낯이 없다.

"어머니를 위해 뭔가 해드리고 싶었다기보다 내가 어머니 대신 뭔가를 하고 싶었다는 것이 그때의 내 심정을 더 정확하게 표현한 말이라고 생각합니다. 다만 어머니 앞에서는 결코 눈물을 보이고 싶지 않았고, 절망적이라는 사실은 알고 있었지만 어머니의 생명력을 믿고 싶었습니다. 그런 생각이 나를 지탱해주었는지도 모르겠습니다."

현재 내 손에 들어온 보고서는 이것이 전부이다.

저마다의 여름이 있고 저마다의 인생이 있었다. 모든 선생님의 경험은 둘도 없이 소중한 것으로 오래오래 가슴에 남아 있을 것이다.

나는 이 모든 것들이 사랑스럽다.

기요코의 눈물과 웃음 1

우리는 '생명과 함께한다'는 말을 자주 쓴다. '가르친다'나 '이끈다'는 말은 어딘지 아이들을 깔보는 듯한 느낌이다.

태양의아이 유치원에서 '생명과 함께한다'는 의미가 가장 잘 드러나는 부분은 아마 '장애아'에 대한 접근 방식일 것이다. 이것은 언뜻 장애아를 대하는 방식처럼 보이지만, 사실은 생명의 성장에 관계하는 모든 인간에게 가장 기본적인 도덕의 문제라고 생각한다.

내가 그렇게 생각하게 된 것은 '장애아' 기요코와 함께하는 사람들의 생각과 행동 덕분이다.

기요코에 대해서는 부족하나마 두 차례에 걸쳐 소개했다.

뇌종양 진단을 받고 일곱 번이나 수술을 받았다는 것, 우리 유치원에 처음 왔을 때 나이는 만 세 살이었지만 발달지수가 15 정도(생후 6개월에 해당한다)였고 실제로도 몸을 거의 움직이지 못했다는 것, 그리고 기요코에 대한 선생님들의 반응과 태양의아이 유치원에 다니면서 기요코가 얼마나 성장했는지도 이야기했다.

나는 기요코의 교육 문제로 선생님들과 기요코의 부모님이 편지를 주고받는다는 사실을 진작부터 알고 있었지만 최근에야 그 글을 처음부터 끝까지 읽어보았다.

그 글을 읽고 나는 깊은 감동을 받았다.

거기에는 함께 배운다는 것의 의미와 생명에 대한 경외감이 담겨 있었다.

여기 그 글을 소개하고자 한다. 이 책이 전하고자 하는 핵심이 그 글에 모두 담겨 있다고 생각하기 때문이다. 물론 지면 관계상 발췌하여 소개하겠다.

참고로 덧붙이자면, 기요코의 부모님은 현직 교사이다.

X월 X일

기요코도 다른 아이들과 함께 주홍반에 올라갈 수 있어서 정말 기쁩니다. 집에서도 "기요코, 내일은 태양의아이 유치원에 가는 날이야." 하고 말하면 손발을 마구 휘저으며 좋아합니다. 이 모습을 복지

시설에서 일하는 분들에게 보여주고 싶어요.

　기요코를 위해서도, 다른 장애아들을 위해서도 하루 빨리 장애아 교육이 올바로 실현되기를 간절히 바랍니다.

　기요코는 에리와 치카와 유지를 구별할 줄 압니다. 자기가 그 아이들보다 약간 나이가 많다는 사실도 알고 있는 것 같습니다. 자부심도 분명히 갖고 있습니다. 그 아이들이 자기 동료이고 친구라는 사실도 알고 있고요. 비록 말은 못하지만 어떻게든 이해하려고 진지하게 관찰하고 듣고 있다는 것을 잘 알 수 있습니다. 요즘 들어 특히 더 그런 것 같습니다. 멍하니 있는 시간이 줄어들고 사물을 보려고 애쓰고 있습니다. 때때로 볼에 손을 대고 생각에 잠기기도 합니다. 뭐랄까, 내면세계를 산책하고 있는 듯한 표정이랄까요. 그러다 제가 이름을 부르면 현실세계로 돌아오죠. 확실한 의식을 가지고 내면세계와 현실세계를 오가고 있습니다. 뇌가 움직이면서 각 부분이 서로 연결되고 있는 듯한 느낌이에요.

　추신: 저는 요즘 어지간한 일에는 놀라지 않는 강심장이 되었으니까 선생님들, 걱정하지 마세요. 선생님들의 놀람 합창곡, 아주 좋았습니다. 힘내라! 힘내라! 주홍반!

-어머니

X월 X일

어머님이나 할머님이나 아버님이 기요코와 함께 유치원에 오시는 날이면 어쩐지 마음이 깨끗해지는 것 같아요. 하루하루 아이들과 바쁘게 보내는 것이 얼마나 힘든 일인지 절실히 느끼지만, 어머님처럼 느긋해지자고 굳게 마음먹는답니다.

기요코가 자기와 다른 사람의 존재를 확실하게 구별한다는 것, 그리고 다른 아이들도 기요코의 존재도 알고 있다는 것은 무척 대단한 일입니다.

이번 1년 동안 기요코도, 다른 아이들도, 저도, 무럭무럭 성장할 수 있도록, 꼭 그렇게 될 수 있도록 노력하겠습니다.

―우노 아케미

X월 X일

오늘은 오랜만에 학생으로 돌아간 제 모습에 대해서 쓰겠습니다. 이것저것 공부하고는 있는데 아직 너무 어려워서 도통 감을 잡을 수 없지만 남편한테 물어보며 노력하고 있습니다.

지금 제가 하고 있는 것은 '감각통합' 훈련이라고 해서, 뇌의 다양한 활동을 통합하는 구조 또는 통합하기 위한 훈련법에 관한 공부입니다. (무슨 말인지 도통 모르시겠죠?)

좀 더 구체적으로 말하면, 유아기에 손이나 몸을 마음껏 움직이며 놀았던 아이는 학교 공부에 뒤처지는 경우가 적고 교우관계도 원만하다는, 즉 놀이를 통해 무의식중에 뇌의 각종 활동이 활성화된다는 것입니다.

기요코가 요즘 간신히 오른손으로 물건을 만질 수 있게 되었기 때문에 '만지기' 감각을, 그리고 음악을 좋아하기 때문에 '듣기' 감각을 중심으로 공부해볼까 생각하고 있습니다.

〈요즘 집중적으로 하고 있는 것〉

- 서는 연습(3분 동안). 기요코의 언니가 시간을 재고 저와 남편이 연습을 시킵니다. 기요코는 몹시 힘들어하지만 마음을 모질게 먹고…….
- 그림책 읽어주기. 눈앞에 그림을 보여주며 읽으면, 기요코는 가만히 듣고 있습니다.

주문: 하이타니 선생님, 그림책 많이 만들어주세요.

- 할머니와 자주 산책하기.

―어머니

X월 X일

안녕하세요? 이 공책에 처음 글을 적습니다. 작년에는 몇 번인가 하양반 선생님들을 도와드리러 갔을 때 기요코와 잠깐씩 '이야기'를 나누었을 뿐이지만, 올해는 일주일에 한 번씩 주홍반에서 기요코를 볼 수 있어서 매우 기쁩니다.

오늘은 오랜만에 밖에서 요리를 했습니다. 주홍반 아이들도 표고버섯이나 두부 써는 일을 도와주었습니다. 물론 기요코도 도와주었고요. 수제비인지 우동인지 설명하기 힘들지만, 아무튼 아이들이 직접 만든 요리는 기막히게 맛있었습니다!

학창시절에 자원봉사활동으로 중증 장애아라 불리는 아이들을 몇 번 만난 적이 있습니다. 그때는 잘 몰랐지만 역시 지속적으로, 그리고 오랫동안 같이 지내면 아이들을 더 잘 이해할 수 있게 되는 것 같습니다.

기요코는 감수성이 아주 예민한 아이예요. 처음 만났을 때보다 표정도 훨씬 풍부해진 것 같아요.

오늘도 갓난아기가 울자 기요코도 슬퍼하며 덩달아 눈물을 흘렸습니다. 비록 말은 할 수 없지만 기요코 나름대로는 자기가 몸으로 느낀 것을 내게 전해주려 하는구나 싶어서 가슴이 뭉클했습니다.

기요코의 상냥한 마음 한 조각을 선물 받은 느낌이었어요.

아버님, 어머님, 할머니, 가오리(기요코의 언니), 그리고 기요코. 다들 사이좋게 지내요. 잘 부탁합니다.

-시오야 미쓰요

X월 X일

하이타니 선생님의 원고를 읽었습니다(〈〈기요코가 울잖아. 자, 눈물 뚝〉을 가리킨다). 도루, 못짱, 논짱과 함께 기요코도 태양의아이 유치원의 보물로 더욱 빛났으면 합니다.

어제는 반 아이들을 데리고 모리바야시 식물원에 갔습니다. 저희 반에는 레녹스 증후군(여러 유형의 발작이 중복되어 나타난다)을 앓고 있는 M이라는 아이가 있습니다. 그 아이는 심한 발작을 일으킨 뒤 걷지 못하다가 지난 8월부터 다시 걷기 시작했습니다. 걷는 훈련을 전혀 하지 않은 것은 아니지만, 소프트볼 시합을 구경 갔다가 갑자기 걸을 수 있게 되었다고 합니다.

M은 어제도 저와 함께 다녔는데, 다리가 마음먹은 대로 움직이지 않아 자꾸 울음을 터뜨리곤 했지만 다른 학교 학생들을 만나면 갑자기 기운을 차리고 똑바로 걷더군요. 그리고 주위 아이들을 뚫어지게 바라보았습니다. 아이들은 역시 여럿이 함께 어울리며 자라는 것이 가장 좋구나 싶었습니다. M한테서 새삼 이 사실을 배웠습니다.

—아버지

여기 한 어린 생명을 중심으로 많은 사람들이 서로 의지하며 살아가는 따뜻하면서도 엄격한 세계가 있다. 사실 이것은 당연하게 받아들여져야 할 세계다.

  나는 가끔 기요코는 참 행복하구나 생각할 때가 있다. 그리고 그렇게 생각하는 것 자체가 큰 차별임을 깨닫고 반성한다.

  모든 '장애아'는 기요코처럼, 아니 기요코보다 더 행복해질 권리가 있다.

  그러나 그것을 실천하지 않는 사회에서, 우리는 우리가 원하는 세상을 손수 만들며 살고 있다.

  우리가 해야 할 일은 무엇인가?

  생명과 함께하는 사람들의 기록을 통해 다같이 생각해보고 싶다.

기요코의
눈물과 웃음 2

나는 선생님들과 기요코의 부모님이 주고받은 글을 읽는 내내 어디선가 밝은 빛이 비쳐드는 느낌을 받았다.

중증 장애를 가진 몸으로 심한 차별과 싸워야 하는 어린이에 대한 기록 속에 흐르는 상쾌함은 대체 무엇일까?

앞 장에 소개한 기요코 어머니의 글 중에 '선생님들의 놀람 합창곡, 아주 좋았습니다.'라는 구절이 있다. 무슨 말인지 통 알 수가 없어서 원장인 도조에게 물어보았다. 그러자 도조가 웃으며 말했다.

"깜짝 놀랄 만큼 큰 소리로 노래하니까요."

"누가요?"

"그야 우리 선생님들이죠. 아무튼 선생님들은 즉흥 노래나 유행가를 부를 때면 한없이 밝고 명랑하거든요. 아이들은 그런 선생님들을 멍하니 바라보고 있죠. 노래를 부를 때만은 아이들 못지않게 낙천적이라니까요."

부모님이 그것을 보고 '놀람 합창곡'이라고 이름 붙인 모양이다.

그래서 기요코의 어머니는 '어지간한 일에는 놀라지 않는 강심장이 되었으니까 선생님들, 걱정하지 마세요.'라고 했던 것이다. 또 그 글을 읽은 우노 선생님은 '어머님처럼 느긋해지자고 굳게 마음먹는답니다.'라고 썼다.

다들 그 경지에 이르기까지 갖가지 쓰라린 경험을 했으리라.

그 모든 고통을 헤치고 기요코 곁에 모여 다함께 즐거운 일을 하자고 말할 수 있는 사람은 얼마나 위대한가.

그리고 모두를 이런 경지로 이끌어준 것은 바로 기요코가 아닐까?

그 흐뭇한 세계를 좀 더 소개해보겠다.

(앞 장의 '아이들은 역시 여럿이 함께 어울리며 자라는 것이 가장 좋구나 싶었습니다.'라는 기요코의 아버지의 글을 읽고.)

X월 X일

아이들뿐 아니라 어른들도 아이들과 어울려 함께 성장하는 것이 바람직하다고 생각합니다. 태양의아이 유치원에서, 우리 어른들은 하기 싫으면 아무것도 하지 않고 지낼 수 있는 (중략) 자기 스스로 무엇이 '진짜'인지 찾아내며 살아갈 수 있는 곳입니다. 적당히 넘어가려면 얼마든지 적당히 넘어갈 수 있고, 반대로 스스로에게 엄격해지려고 하면 얼마든지 엄격해질 수 있고 (중략) 진실로 자유로운 공간이죠. 가끔씩 안이해질 때도 있지만, 저 역시 낙천적이면서도 엄격한 사람이 되고 싶습니다.

작년까지는 이따금 유치원에 놀러 오기만 했던 기요코가 이제 주홍반의 당당한 구성원으로(물론 주위 환경은 변하지 않았지만) 지낼 수 있게 되어 저도 기쁩니다.

—우노 아케미

X월 X일

오늘은 오랜만에 기요코와 함께 유치원에 갔습니다. 늘 느끼지만 선생님들은 정말 수고가 많으세요. 건강 조심하세요! 푹 주무시고요.

오전 내내 아이들과 함께 지냈더니 인상적인 것도 많고 마음에 남는 것도 많습니다.

먼저, 새 얼굴 '마이'. 앙앙 울고 있을 때는 딱히 눈여겨보지 않았는데(그저 울고 있구나, 생각했을 뿐이었어요), 간식시간에 우유를 먹으면서도 "엄마는?" 하고 물으면서 울기에 나는 깜짝 놀랐습니다(아무튼 제가 요즘 '장애아' 공부를 하고 있어서 그 생각으로 머리가 꽉 차 있답니다).

마이가,

- 우유를 먹는다.
- 운다.
- "엄마는?" 하고 묻는다.

이 세 가지 행동을 동시에 하는 것을 보고 정말 대단하다 싶었어요. 뇌가 고도의 활동을 하고 있다고 할까요? 정말 대단해요.

사실 우유를 먹으면서 우는 것만 해도 꽤 힘든 일이 아닐까요?

산책할 때도 내내 "엄마는?" 하고 묻는 바람에 정말이지 두 손 들어 버렸답니다! 하는 수 없이 "엄마는 일하러 갔어." 하고 말했더니, 금세 다시 "엄마는?" 하고 묻는 거예요. 이런 대화를 수없이 되풀이하면서 문득 저는 마이와 의사소통이 안 되고 있다는 걸 느꼈어요. 마이의 머릿속에는 '엄마는 일하러 가고 없다'는 개념이 없는 거예요. 그러니 아무리 설명해도 헛수고죠. 마이 눈앞에 엄마가 나타나지 않는 한 "엄마는?"이라는 질문은 계속될 거예요. 생각하다 못해 내가 "엄마는 붕붕 타고 마이 데리러 올 거야." 했더니, 갑자기 진지한 표정을 짓더니 눈빛을 반짝이며 귀여운 입으로 한바탕 재잘거리더군요. 드디어 말이 통한 셈이죠. 마이의 머릿속에 '붕붕 타고'라는 개념이 있었던 거예요.

오랜만에 두 살배기 아이와 이야기를 나눌 수 있어서 기뻤답니다.

기요코는 말을 하지 못하지만 내 말을 잘 알아듣기 때문에, 오히려 말을 할 줄 아는 마이와 이야기하는 것이 훨씬 힘들었습니다.

게이코 선생님한테 준다며 목걸이를 만들던 사내아이도 인상적이었어요. "나, 게이코 씨한테 목걸이 만들어줄 거다!"라는 혼잣말이 얼마나 재미있던지요.

다섯 살짜리 꼬마가 '연상의 여인'이자 '유부녀'인 게이코 선생님을 연인으로 생각할 수 있다는 게 정말 좋았어요. 그 아이는 목걸이를 얼마나 열심히 만들고 있었는지 몰라요. 제 마음이 다 훈훈해졌답니다.

그리고 화장실에서 우연히 마주친 유지와 기요코가 마치 10여 년 만에 만난 듯한 눈빛으로 서로를 지그시 바라보는 데에도 놀랐습니다. 아, 아이들의 세계는 나의 이해력을 까마득히 넘어선 심원한 세계였습니다.

-어머니

X월 X일

어제는 제가 처음으로 기요코와 느긋하게 시간을 보낼 수 있었던 날이 아닐까 싶어요. X월에는 토요일마다 식사 당번이었고······.

기요코는 나를 자주 보지 못했는데도 방긋 웃어주어서 정말 기뻤어요. 그네를 타는 아이들을 보며 내가 〈그네〉 노래를 불렀더니 기요코가 팔을 휘휘 돌리지 않겠어요? 비록 혼자서 그네를 탈 수는 없지만 마음으로는 즐겁게 그네를 타고 있는 거죠.

아이들이 뛰어가자, 휠체어에 앉아 있던 기요코가 오른발을 꼼지락꼼지락 움직였어요. 기요코도 달리고 있는 거예요.

모래밭에서 소꿉놀이를 할 때는 다 같이 모래로 맛있는 음식을 만들었어요. 아이들이 입을 오물거리며 먹는 시늉을 하다가 기요코한테도 손을 내밀었어요. 저는 기요코가 어떻게 하나 가만히 지켜보았어요. 기요코는 천천히 팔을 뻗어 모래를 조금 움켜쥐더니 입가로 가져가더군요. 천천히 맛을 음미하는 듯한 사려 깊은 얼굴…… 그러고는 손을 탈탈. 기요코도 친구들과 함께 소꿉놀이를 즐긴 거예요.

그날따라 기요코가 부쩍 자란 것 같아 보였답니다.

—덴타쿠 게이코

X월 X일

기요코가 2박 3일에 걸친 치과 치료를 끝내고 오늘 돌아왔습니다. 생명에 지장이 없다는 사실은 알고 있지만, 역시 입원 치료(수술)에는 불안한 마음을 떨칠 수가 없습니다.

기요코도 쓸쓸함을 간신히 견디고 있었는지 마중 나온 엄마를 보자

마자 눈물을 글썽이며 갑자기 소리를 질렀다더군요.

집에 돌아오자 기분이 좋아져서 '역시 집이 최고야!' 하는 표정을 지었습니다. 입원은 이번이 마지막이었으면 좋겠습니다.

기요코가 다시 유치원에 나가던 날 여러 모로 신경 써주셔서 고맙습니다.

—아버지

X월 X일

오늘은 조금 여유가 있어서 기요코와 이 반 저 반 놀러 다녔습니다. 파랑반에서는 의자 뺏기 놀이를 하고 있었는데, 기요코는 그 모습을 신기한 듯 바라보았습니다.

다음은 초록반. 교실에 들어서자 도조 선생님이 "기요코." 하고 불렀습니다. 도조 선생님의 목소리에 기요코도 손을 흔들었습니다. 반가워하는 것 같았어요.

다들 한창 그림을 그리고 있었는데, 기요코는 아이들의 그림을 유심히 들여다보았습니다.

다음은 빨강반. 빨강반 아이들은 빈 깡통 속에 돌멩이를 넣어 악기를 만들고 있었습니다. 그 소리를 기요코한테 들려주었더니, 기요코도 리듬에 맞추듯이 손을 흔들었습니다.

기요코는 기쁠 때면 나를 똑바로 쳐다보고 웃습니다. 나한테 뽀뽀를 할 때도 웃고요. 쑥스러워서 그러는 걸까요? 역시 작년에 비해 많이 달라졌습니다. 이제 언니가 된 거예요.

아직 확실하지는 않지만 주홍반에 새 선생님이 오실 것 같아요. 오늘 직원회의 때 의논했는데, 기요코가 오는 날에는 주홍반 선생님 다섯 명 가운데 한 명은 음식 만들기에 참가하지 않고 기요코를 돌보기로 했습니다.

-우노 아케미

기요코가 접하는 세계가 빠른 속도로 넓어져간다. 거기에 발맞추어 기요코도 몰라보게 성장하고 있다. 이것은 의사 선생님과 부모님, 그리고 유치원 선생님들도 전혀 예상하지 못했을 만큼 큰 성과라고 할 수 있으리라.

인간의 가능성이란 이런 것일지 모른다.

일찍이 하야시 다케지 씨는 아이들의 가능성을 이야기하면서, 교사가 미리 예상한 결과가 눈에 보이거나 어떤 형태로 나타난다고 해서 그것을 아이들의 진정한 가능성이라고 여겨서는 안 된다고 했다. 기요코가 성장하는 모습과 하야시 다케지 씨의 말이 겹쳐진다.

기요코의 눈물과 웃음 3

이 세상 그 어떤 것도 성장하는 생명체만큼 아름답지 않다. 아이들을 보고 있으면 우리가 흔히 입에 올리는 '생명에는 귀하고 천한 것이 없고 강하고 약한 것이 없다'는 말이 절실하게 와 닿는다.
기요코를 둘러싸고 기요코와 함께하는 생명들의 빛 역시 아름답다.
여기에 작은 세계가 있다. '장애'를 지닌 한 어린아이의 성장을 염원하는 사람들의 너무나도 인간적인 소망과 서로를 의지하는 사람들의 모습이 한없이 사랑스럽게 느껴지는 세계이다.

X월 X일
기요코를 배려하여 X월부터 주홍반의 지도체제를 바꾸어주셔서 정말 고맙습니다. 기요코도 태양의아이 유치원을 제 집처럼 친근하게 생각하는 것 같아 무엇보다 기쁩니다.

어제는 유치원을 마치고 어린이 치과에 가서 치료와 검진을 받았습니다. 뇌신경외과 주치의 선생님께는 다소곳이 치료받는 기요코가 치과 치료에는 도저히 익숙해지지 않는지, 내내 얼굴을 찌푸리고 있었습니다.

―아버지

X월 X일

어제는 아이들이 유치원에 늦게 와서 8시 반까지 기요코와 할머니, 저, 셋이서만 있었습니다.

이렇게 느긋하고 여유롭게 기요코와 시간을 보내기는 처음이라 무척 기뻤습니다.

할머니 말씀으로는 요즘 기요코가 짓궂은 장난도 친다고요…….

기요코는 제 말 한 마디 한 마디에 갖가지 표정으로 반응합니다. 이제는 다른 아이들(옛날 하양반 아이들이 아닌 아이들)이 찾아가 "기요코" 하고 말을 걸어도 아주 좋아한다고 합니다.

―시오야 미쓰요

X월 X일

기요코는 금요일과 토요일을 즐거운 마음으로 기다리고 있습니다. 저도 유치원에 가는 날이 기다려지고요. 이젠 유치원 아이들의 얼굴과 이름도 확실하게 외웠고, 무엇보다 (학교와 달리) 시험을 치지 않으니까 성적을 올리려고 기를 쓰지 않아도 되고, 아이들 본연의 모습을 볼 수 있어서 좋습니다(학교는 그런 점에서 피곤해요. 아이들을 통제하고 관리하는 인간이 되어버리니까요). 올해는 담임을 맡지 않아 생활통지표(40명!!)를 작성하지 않아도 되기 때문에 너무 기쁘답니다. 만세!

특히 요즘 자주 생각하는 건데, 아이들을 보고 있으면 아무리 어려도 자존심이 있고 '자아'도 확고한, 한 사람의 어엿한 인간이구나 싶어요. 그리고 뭐니 뭐니 해도 가장 반가운 것은 기요코가 주홍반 일원으로서 자기 존재를 이해하게 되었다는(손가락으로 자기 자신을 가리킬 수 있게 되었어요) 점입니다. 여러 아이들 속에서 자기 자신을 주장할 필요성을 절감했기 때문이겠죠. '필요성을 절감한다'는 게 얼마나 중요한 일인지요. 저를 포함해서 부모나 어른들이 아무리 강요해도 스스로가 필요성을 느끼지 못한다면 아무 소용없잖아요.

그런데 주홍반 아이들이 그 필요성을 불러일으켜주고 있는 거예요(손가락으로 자기를 가리킬 수 있게 된 것은 마이 덕분입니다. 마이가 자기를 가리키며 "나, 예뻐." 하고 말하고, 이어서 "기요코도 예뻐." 하고 몇 번이나 말했거든요. 그래서 기요코도 자기를 가리키고 싶어진 게 아닐까요?).

오늘 점심시간에는 시헤이와 다로가 반찬을 하나씩 가리키며 "이거, 뭐야?" 하고 묻기에 일일이 대답해주었더니('옥수수'라는 대답을 열 번쯤 했을 거예요) 기요코가 "우우, 우우우." 하고 재잘거리지 않겠어요? 자기도 이야기를 하고 싶었던 모양이에요.

언젠가 기요코도 말을 해야겠다는 필요성을 느낄 수 있으면 얼마나 좋을까요. 아무튼 유치원에 와서 기요코가 무럭무럭 성장해나가는 모습을 보면 정말 기쁘답니다.

―어머니

X월 X일

저도 어머님 말씀에 동의합니다. 전에도 말씀드렸지만, 기요코는 지금 자기가 태양의아이 유치원에서 생활한다는 사실을 뚜렷이 인식하고 있습니다.

0세, 1세, 2세 아이들은 집단 생활을 한다는 것 자체가 보통 어려운 일이 아니라고 생각해요. 집단에 적응하지 못해 열병이 생기는 아이도 있을 정도니까요.

저마다 다른 개성을 가진 아이들이 집단으로 행동하게 되면 당연히

무리가 생기지요. 하지만 우리 선생님들이 아이들을 위해서 할 수 있는 일은 아직 많습니다. 그리고 좀 더 느긋한 마음으로 한 아이 한 아이를 지켜보며 돌볼 수 있을 거예요. 아이들한테서 그런 생각들을 배웠습니다.

—우노 아케미

X월 X일

오늘 직원회의에서 기요코 부모님의 뜻을 전했습니다. 우리 주홍반 다섯 선생님들의 뜻도 전했고요.

우리는 되도록이면 부모님의 뜻에 따르고 싶습니다.

기요코가 일주일에 서너 번씩 올 수 있게 된 것은 좋은 일이지만 우리 스스로 뭔가를 적극적으로 할 수 없는 것이 내심 괴로웠습니다. 그런데 기요코가 아이들을 대하는 모습을 보고, 또 주홍반 아이들이 기요코를 대하는 모습을 보면서 우리는 기요코가 꼭 와주었으면 하고 바라게 되었습니다.

부모님의 사정이 허락하는 대로, 그리고 기요코의 몸 상태에 맞추어 좀 더 자주자주 놀러 와주셨으면 합니다.

이 뜻을 직원회의에 전했더니 모두들 동의해주었습니다.

—다마가와 유키코

X월 X일

금요일에는 아이들이 많아 기요코와 느긋이 놀 수 없었지만, 어제는 쉬는 아이들이 많아서 기요코와 마음껏 이야기를 나눌 수 있었습니다.

둘이서 동물 우리에 가서 토끼랑 집오리한테 "안녕?" 하고 인사했습니다.

기요코는 동물들을 오래도록 바라보고 있었습니다. 닭이 목을 움츠리자 무척 기뻐하며 활짝 웃었습니다. "안녕?" 하고 인사하는 것처럼 보였기 때문일까요?

수영장에서도 기분이 아주 좋아 보였습니다. 시헤이와 다른 아이들도 기요코와 함께 헤엄치는 것을 좋아하는 것 같았습니다.

-시오야 미쓰요

X월 X일

이번 여름방학은 기요코에게 큰 의의가 있었다고 생각합니다. 기요코 위주로 계획을 세워 기타규슈 지방으로 여행을 갔습니다.

여행 목적은 '기타규슈 종합치료 교육센터'라는 병원에서 진찰을 받는 것이었는데, 기요코로서는 난생 처음 고속열차를 타고 멀리까지 여행한 셈입니다.

어린이 병원에서 며칠씩 사경을 헤매던 기요코가 기타규슈까지 여행을 할 수 있게 된 거예요!

그런데 놀라운 소식이 있습니다. 함께 기뻐해주세요!

14일 금요일에 어린이 병원에서 CT촬영(뇌의 단층 사진)을 해봤더니 수술로 절개했던 뇌가 지난 1년 반 사이에 쑥쑥 자라, 빈 공간이 조금씩 메워지고 있었어요. 정말 놀랍지 않나요?

뇌는 다른 조직과 달리 한 번 상처를 입으면 다시는 회복되지 않는다고 알고 있었는데 기요코의 뇌는 분명히 자라고 있습니다. 의사 선생님도 매우 기뻐하시며 "어머님, 앞으로도 계속 노력해주세요!" 하고 격려해주셨습니다.

이 의사 선생님은 굉장히 훌륭한 분으로, 수술을 하실 때도 "어머님, 다른 어떤 기도보다 (메스를 쥔) 제 손이 잘 움직일 수 있도록 기도해주십시오." 하고 말씀하셨어요. 그래서 저희도 오로지 그 기도 하나로 열 시간이라는 기나긴 수술 시간을 기다릴 수 있었죠.

하이타니 선생님의 〈기요코가 울잖아. 자, 눈물 뚝〉의 복사본을 의사 선생님께 보여드리며 "덕분에 기요코도 이렇게 좋은 유치원에서 잘 지내고 있습니다." 하고 말씀드렸더니, 그것을 다시 복사해서 간호사들과 뇌신경외과를 찾아오는 아이들의 부모님께 나눠주며 함께 기뻐하셨습니다.

14일에도 그 글을 읽은 간호사가 다가오더니 "기요코는 참 행복하겠어요. 이렇게 상냥하고 좋은 선생님이 계시는 유치원에 다녀서요. 그런데 기요코 어머니, 이 글은 무슨 잡지에 실려 있어요?" 하고 묻더군요.

"네, 그건 《유아와 보육》이라는 잡지에 실려 있어요." 하고 대답했더니, "이건 열다섯 번째 글이더라고요. 그전에 실렸던 글도 다 읽어 보고 싶은데 구할 수 없을까요?" 하고 진지하게 묻기에, 다음에 올 때 첫 호부터 모두 복사해 오겠다고 했답니다.

―어머니

잔잔한 감동을 주는 드라마를 보고 있는 느낌이다.

드라마의 주인공은 아이들이다.

마이와 시헤이, 주홍반 아이들, 그리고 태양의아이 유치원의 모든 아이들아, 너희들이야말로 가장 인간적인 인간이자 상냥함으로 충만한 인간의 원형이며 사람과 사람의 관계가 어떠해야 하는가를 가르쳐 준 은인이다. 우리는 너희들을 자랑스럽게 생각한단다.

이런 생각을 할 때 늘 떠오르는 것은 결코 행복하지 못한 수많은 '장애아'들이다.

기요코의 부모님이 처음 우리 유치원에 오셔서 말씀하셨던 "바로 이런 아이들한테야말로 친구가 필요합니다."라는 절실하고 명백한 사실을, 지금 다시 한 번 모든 사람들이 곰곰이 되새겨보기를 간절히 바란다.

코끼리 코딱지는 어디에 있어?

이 사람

나 기억하고 있었어

나

그거

손 꼭 잡을 거야

예전에 노래로 만들었던 한 어린이의 글이다.
　태양의아이 유치원은 아이들의 주옥같은 말로 가득하다.
　선생님들이 기록한 아이들의 말을 읽고 있으면 '어린이는 시인'이라는 말에 절로 고개가 끄덕여진다.

그리고 생명을 소중히 여기는 교육이란 아이들의 말을 소중히 여기는 교육이기도 하다는 생각이 확고해진다.

하느님 나라에
눈이 있어요?
비도 있어요?
바람도 있어요?
해님도 보이는 거예요?

-6세, 호리 마사미

나오의 아빠는
아빠이고 요시히로 씨
나오의 엄마는
엄마이고 요코 씨

- 2세, 시노모토 나오

새야
왜 퍼덕거리니?
새장에 왜 들어가?

히로코는

날아다니는 새가 좋아

— 5세, 오노 히로코

겐의 엉덩이는

작은 복숭아 같다

곰의 엉덩이는

공룡 같다

시마시마의 엉덩이는

어묵 같다

가와구치 선생님의 엉덩이는

대머리 도깨비

아키라의 엉덩이는

고릴라 엉덩이

이케다의 엉덩이는

빼빼 마른 연필

— 5세, 아다치 하루오

아이들은 아무 생각 없이 말을 내뱉지 않는다.

아이들은 진지하게 삶을 영위하는 가운데 말을 획득한다. 그리고 말을 획득함으로서 더 훌륭한 인간으로 성장한다.

그것을 입증하는 기록이 있다.

원장인 도조는 데쓰라는 아이가 유치원에 입학한 6월부터 8월까지 두 달 동안 했던 말을 꼼꼼히 기록해놓았다.

데쓰는 처음에 유치원에 적응하지 못해서 내내 울기만 하던 아이였던 모양이다. 이 아이는 자기 자신과 싸우는 과정에서 언어 생활에 깊이가 생긴 듯했다.

1. 도조 아줌마, 데쓰는 오늘 울면서 참을 거야.
2. 울어도 밖에 안 나가고 참을 거야.
3. 데쓰는 여기(유치원) 있기 싫어. 자꾸 눈물이 난단 말야. 그러니까 조금만 울래.
4. 데쓰는 엄마한테 가고 싶어. 왜 데쓰가 없는 데서 일하는 거야? 데쓰, 이제 못 참겠어.
5. 데쓰 같은 아이가 있으면 좋은 일 없어? 도조 아줌마, 아이가 있으면 좋은 일 없어?
6. 데쓰는 나중에 생각해. 그러니까 빨리 이야기 못 한단 말야.
7. 왜 밖에 나가면 안 돼? 밖은 안 위험해. 데쓰 혼자서 놀 수 있어.

8. (한창 통화를 하고 있는데, 데쓰가 수화기 버튼을 누른다. "데쓰가 전화를 끊어서 이야기를 못하게 됐잖아."라는 말에) 데쓰는 안 끊었어. 그냥 눌렀어.

9. 오늘은 엄마 안 찾을 거야. 그리고 내일은 집에 간다고 안 하고 참을 거야. 그러니까 엄마한테 전화해도 돼.

10. 데쓰랑 마부(데쓰의 남동생)는 도망가. 그래서 못 잡으니까 할머니가 막 화내.

11. (예방주사 맞는 날에) 왜 주사를 놓는 거야? 병에 걸리지도 않았는데, 왜 오늘은 주사를 놓는 거야? 다들 울잖아.

12. 데쓰, 주사를 보니까 팔이 아파서 병에 걸렸어.

13. 데쓰는 네 살이고 네 개 아니야. 마부(동생)는 세 살이고 세 개 아니야.

14. 데쓰 오늘은 슬퍼. 참아야 되지만 이제 싫어. 안 울지만 울어.

15. 아기는 왜 이빨이 없어? 치과에 가야 되겠다.

16. 데쓰는 젖이 안 나와. 도조 아줌마는 젖을 어떻게 넣었어?

17. 지로(개 이름)는 앉아서 자네? 데쓰는 누워서 자는데.

18. 지로, 털 벗고 있어. 하지만 전부 다 벗지는 않아.

19. 데쓰, 암만 해도 엄마가 보고 싶어. 이렇게 참고 있는 걸 엄마한테 보여주고 싶어.

20. 불을 피우니까 공기가 뜨거워서 도망가.

21. 데쓰, 말 많이 배우고 싶어. 데쓰 머릿속에 하고 싶은 말이 한가득 있으니까.

22. 왜 요즘 데쓰한테 안 와? (도조가 초록반에 오지 않는다는 말) 이제 데쓰가 안 울어서 그래?

23. 왜 다들 자는 거야? 힘들면 앉아 있으면 되는데.

24. 왜 다들 잠들어버리는 거야? 데쓰는 힘들지 않은데. 데쓰, 힘들어질 때까지 못 놀았으니까, 안 자도 돼.

그 뒤로 시오야 선생님이 도조를 대신해서 데쓰의 말을 채집하고 있다.

25. 밋짱(시오야 선생님을 말한다), 힘들어?
    ("응, 감기에 걸려서 머리가 아파.")
    참아. 참으면 힘이 세져서 안 아파질 거야.

26. 데쓰, 어제 이불이 여기까지(목을 가리키며) 안 올라와서 목 안이 뜨거워지고 감기 걸렸어.

울기만 하던 데쓰가 감기에 걸린 선생님에게 "참아, 참으면 힘이 세져."라고 귀여운 설교를 하는 모습은 얼마나 사랑스러운가. 이처럼 다른 사람을 배려할 수 있을 만큼 스스로를 변화시킨 아이에게 나는 깊이 감동했다.

말은 영혼이라는 사실을, 데쓰가 우리에게 가르쳐주는 듯하다.

물론 이렇게 훌륭한 것이 데쓰만은 아니다. 태양의아이 유치원 아이들만은 아니다.

세상의 모든 아이들은 너나없이 훌륭하다.

아이들의 입에서 감탄스러운 말이 나올 때, 아이들의 말에 놀라고 그것을 지키고 키워주려는 어른이 반드시 있어야 한다.

태양의아이 유치원의 선생님들 가운데 아이들의 말을 전문적으로 연구하는 사람은 한 명도 없다. 다만 선생님들이 아이들과의 대화를 무엇보다 소중하게 여긴다는 사실이 있을 뿐이다.

또 하나, 그 속에서 탄생한 말을 세상에 둘도 없는 보물로서 소중히 여겨왔다는 사실이 있을 뿐이다.

냄새는

어떻게 몸에 들어올까?

- 3세, 스야마 데쓰

오늘 비는

위에서 밑에까지

붙어 있다

  — 2세, 사이토 다쿠

  (장대비가 내린 날)

앗,

전철이 결혼한다

  — 3세, 니시무라 다카시

  (전철과 전철이 스쳐 지나가는 것을 보고)

있잖아,

코끼리 코딱지는

어디에 있어?

  — 3세, 노보리 신야

  (코딱지를 후비며)

길고도 짧았던 2년
- 후기를 대신하여

갓 태어난 아기도 2년이 지나면 몰라보게 성장한다.

태양의아이 유치원은 어떨까 생각해본다. 물론 저마다 열심히 노력했다고 생각한다.

'길고도 짧았던……' 그런 감회에 젖어드는 2년이었다.

지금 내 심정은 아주 복잡하다. 이걸 어떻게 설명해야 좋을까.

당연한 일이지만, 부모는 갓 태어난 아기를 살뜰히 보살핀다. 그 행위 속에는 부모가 된 기쁨이 담겨 있다.

부모는 아기를 사랑하는 감정만으로도 더없이 행복하다.

아기는 하루하루 성장한다. 이윽고 개성을 나타내기 시작한다.

자신의 아이임에 분명하지만 그와는 또 다른, 아이 내면에 있는 '타인'의 모습도 부모는 보게 된다.

우리 아이가 자립을 하는구나 싶어 기쁘기도 하지만 한편으로는 섭섭하다.

어느덧 두 돌을 넘긴 태양의아이 유치원을 바라보는 내 심정이 바로 그렇다.

요즘은 왠지 처음 유치원을 짓던 때가 자주 생각난다.

건물 벽 색깔을 정하다가 심하게 다투던 일, 눈 오는 날 도포제를 벗기던 일, 공사현장에 모든 선생님이 처음으로 다 함께 모였던 일, 그 모든 것이 어제 일처럼 선하게 떠오른다.

선생님들과의 첫 만남도 그리운 추억이다.

공개모집으로 채용했던 세코, 마쓰나가, 시라이시, 우노, 고사카 선생님과 여름 바다에서 놀았던 일(우노 선생님이 달랑 셔츠 한 장만 입고 수상스키를 타는 바람에 나는 눈을 어디 둬야 좋을지 몰라 당황스러웠다), 선생님들의 부모님께 인사를 드리기 위해 며칠 동안 이곳저곳을 여행했던 일(나는 구마모토에 있는 마쓰나가 선생님의 집에 갔다가 술을 진탕 마시고 금세기 최대(?)의 숙취에 시달렸다. 그 상태로 히가시조에 있는 시라이시 선생님의 집을 방문했더니 또 위스키가 나왔다. 그때의 기분을 한 번 상상해보라), 대학을 갓 졸업한 응시자들을 대상으로 한 지옥(?) 면접(시마타 선생님은 유치원 선생님이 되어서도 음악가의 꿈을 버리지 않겠다고 주저없이 말했는데, 아직도 그 말을 기억하고 있을까?) 등, 선생님들 한 사람 한 사람과의 만남은 내 마음속에 언제까지나 선명하게 남아 있다.

그리고 아이들과의 만남.

태양의아이 유치원에서 내가 처음으로 사귄 어린 친구는 다카시였다. 처음 한동안 집단 생활에 적응하지 못했던 이 아이는 어린 시절의 나를 쏙 빼닮았다.

다카시는 내 앞에서 물구나무를 서며 내 시선을 끌었다. 우리는 금세 친구가 되었다.

둘이서 산책을 하고 돌아오는 길에 다카시가 내 등에 업혀 잠든 적이 있다.

나는 아버지가 된 듯한 느낌을 얼마간 맛보았다.

이렇게 쓰고 보니, 고작해야 2년 전 일을 무슨 오래전 옛일처럼 돌아보 냐는 목소리가 들리는 듯하다.

이제 이쯤에서 이 글을 끝맺어야겠다.

그러나 태양의아이 유치원에는 끝이 없다. 태양의아이 유치원은 다시 새로운 첫걸음을 내디딜 것이다.

작가로서, 교육 문제를 이야기하는 사람으로서 하이타니 겐지로의 이름이 앞서는 것은 태양의아이 유치원을 위해서 별로 도움이 되지 않는다.

그 점은 오래전부터 줄곧 생각하고 있었다.

그래서 한 가지 결단을 내렸다.

나는 유치원 창립자 가운데 한 사람으로서 앞으로는 태양의아이 유치원의 친구로 남을 생각이다.

이런 생각 때문에 지난 2년 동안의 발자취를 오래전 일을 추억하듯 돌이켜보았는지도 모른다.

새로운 태양의아이 유치원에는 할 일이 태산같이 쌓여 있다.

지금보다 한층 더 실천에 힘써야 할 것이다.

스스로를 엄격하게 다스리는 규율도 필요하다.

타성과 게으름도 극복해야 한다.

이 밖에도 할 일이 많다. 결코 서두를 필요는 없지만 항상 엄격하게 자신을 돌아보는 눈을 가져야 한다. 그 눈을 잃어버린 사람은 빛을 잃는다.

고민만 했지 결국 아무것도 하지 못하는 인간은 되지 않기 바란다.

인간은 고민하는 것을 자기 위안으로 삼을 수 있는 희한한 동물이다.

고민하는 사람은 자못 성실해 보인다. 그러나 고민을 위안으로 삼는 인간은 대책 없는 게으름뱅이라고 할 수 있다.

그래서 창조라는 것이 있다.

뭔가를 창조했을 때만이 인간은 성장한다.

변명만 주절주절 늘어놓는 사람이 있다. 이러쿵저러쿵 남을 비판하기에 바빠 자기를 돌아보지 못하는 사람이 있다. 얕은 지식이나 경험으로 시종일관 아는 척하는 사람도 있다.

셋 다 창조 정신도 없고 창조적인 삶을 살지도 못하는 인간의 전형적인 모습이다.

아이들이 위대한 창조자라는 사실은 아이들과 함께하는 사람이라면 누구나 잘 알고 있다. 그러나 바로 코앞에 훌륭한 본보기가 있는데도 배우지 못하는 사람도 수없이 많다.

아이들과 함께 걷고 있지 않기 때문이다.

창조라고 하면 뭔가 아주 어려운 일처럼 들릴 수도 있다.

하지만 아이들은 그것을 전혀 어렵게 생각하지 않는다.

아이들은 언뜻 보기에 하고 싶은 일을 하는 것처럼 보인다. 때로 우리 눈에는 무의미한 행위로 비치기도 한다.

그러나 중요한 것은 행위 그 자체가 아닐까?

창조의 문은 재미있는 일을 찾고 재미있는 일을 할 때에만 열린다고 나는 생각한다.

고민에 빠져 있는 사람을 보면 왜 재미있는 일을 하지 않는지, 왜 재미있는 일에서부터 뭔가를 시작하려고 하지 않는지 묻고 싶다.

재미있는 일은 곧 즐거운 일이다.

고민에 빠져 있는 사람을 보면 나는 말하고 싶어진다. 당신 옆에 있는 아이들을 보라고, 아이들이 하루하루를 얼마나 즐겁게 보내고 있느냐고.

아이들에게 배우거나 아이들과 함께하는 것을 머리로만 생각하는 사람은 굉장히 골치 아픈 존재인데, 그런 사람인지 아닌지 분간하는 방법은 간단하다.

아이들과 함께 재미있는 일을 하고 있느냐, 아니냐를 보면 된다.

처음에는 그 재미있는 일이 아주 사소한 것일 수도 있다. 그러나 좀 더 재미있게 만들려고 끊임없이 궁리하다보면 '재미'는 어느덧 '창조'로 변할 것이다.

그리고 처음에는 그저 마음 가는 대로 그 일에 참가했던 어른과 아이의 행위 속에 언제부턴가 서로의 마음을 하나로 모아주는 긴장감이 깃들어 있다는 사실을 깨닫게 될 것이다. 그것이 바로 성장이다.

아이들에게 배우거나 아이들과 함께하는 것은 이처럼 자연스러운 일이다.

어떤 일을 진정으로 즐거워하는 사람의 몸과 마음에는 팽팽한 긴장감이 있다.

태도나 말투가 어딘지 나른하고 기운이 없는 사람이 많은 이유는 무엇일까? 아이들은 감기에 걸려 열이 날 때 외에는 이런 모습을 전혀 보이지 않는데 말이다.

큰일을 해낸 사람은 성실하며 행동에도 겸손함이 묻어난다. 태양의아이 유치원도 언젠가 그런 풍모를 지니게 되리라고 믿는다.

해야 할 일은 하지 않고 권리만 주장하거나 자기밖에 모르는 불성실한 사람은 세상을 어둡게 만든다.

태양의아이 유치원은 '장애아'라고 불리는 아이들에게서 무엇과도 바꿀 수 없는 귀중한 재산인 성실함을 배웠다. 비록 물질적으로는 가난하더라도 이 재산만은 좀 더 크게 불려주었으면 한다.

둘도 없이 소중한 생명이 존중받는 세상에서 사는 것이 현재로서는 너무 먼 미래의 일이라 해도 우리가 '장애아'와 함께 지낸 날들은 하나의 희망이라고 할 수 있지 않을까?

생명은 자유와 평등이라는 바다에서 비로소 아름답게 빛난다.

이 글은 태양의아이 유치원이 탄생한 때로부터 2년 남짓한 시간에 걸쳐 일어난 일을 기록한 것이다.

그동안《유아와 보육》의 야나기가와 데루오 씨, 자유기고가인 오타카 유키오 씨 두 분에게 말로 다할 수 없는 도움을 받았다.

말 그대로 비가 오나 눈이 오나 하루도 빠짐없이 태양의아이 유치원을 찾아와 기록을 하고 사진을 찍어주셨다.

두 분은 유치원 아이들과 둘도 없는 친구가 되었고 아이들의 인기를 한 몸에 받았다.

두 분과의 우정은 앞으로도 계속되겠지만 일단 여기서 두 분의 할 일은 끝났다. 한시름 놓이는 한편 허전한 느낌도 든다. 두 분에게 두 손 모아 감사드린다.